Functional Kotlin with exercises

코틀린 아카데미
함수형 프로그래밍

Functional Kotlin with exercises
by Marcin Moskała

코틀린 아카데미: 함수형 프로그래밍

초판 1쇄 발행 2024년 9월 4일 **지은이** 마르친 모스카와 **옮긴이** 신성열 **펴낸이** 한기성 **펴낸곳** (주)도서출판인사이트 **편집** 백주옥 **영업마케팅** 김진불 **제작·관리** 이유현 **용지** 월드페이퍼 **인쇄·제본** 천광인쇄사 **등록번호** 제2002-000049호 **등록일자** 2002년 2월 19일 **주소** 서울특별시 마포구 연남로5길 19-5 **전화** 02-322-5143 **팩스** 02-3143-5579 **이메일** insight@insightbook.co.kr **ISBN** 978-89-6626-444-5 책값은 뒤표지에 있습니다. 잘못 만들어진 책은 바꾸어 드립니다. 이 책의 정오표는 https://blog.insightbook.co.kr에서 확인하실 수 있습니다.

프로그래밍 인사이트

코틀린 아카데미

함수형 프로그래밍

마르친 모스카와 지음 | 신성열 옮김

인사이트

차례

8장   컬렉션 처리   **69**

9장   시퀀스   139

10장   타입에 안전한 DSL 빌더   157

옮긴이의 글

《코틀린 아카데미: 함수형 프로그래밍》은 코틀린이 객체 지향 프로그래밍 언어가 가지고 있는 특징 외에 함수형 프로그래밍의 특징도 갖추고 있다는 사실을 기초로 하는 책입니다. 객체 지향적 언어로 탄생한 자바도 8 버전부터 함수형 프로그램을 도입할 정도로, 함수형 언어의 특징은 개발자라면 반드시 공부하고 자유자재로 사용할 수 있어야 하는 기본적인 소양이 되었습니다. 특히 컬렉션 처리, 스코프 함수와 같은 기능은 거의 모든 코틀린 프로젝트에서 사용하고 있을 정도입니다. 이 책을 읽고 나면 두 가지 중요한 기능 외에도 함수를 객체로 다루는 법, 인라인 함수로 성능을 향상시키는 법, DSL을 설계해 깔끔한 코드를 만드는 법 등을 배울 수 있습니다. 《코틀린 아카데미: 핵심편》으로 객체 지향적 특징을 배웠다면, 《코틀린 아카데미: 함수형 프로그래밍》을 통해 코틀린의 또 다른 면을 익힐 수 있기를 바랍니다.

이 책의 저자 마르친 모스카와는 《이펙티브 코틀린》과 《코틀린 코루틴》을 통해 코틀린으로 개발한 경험이 어느 정도 있는 숙련자들에게 많은 영감을 주었습니다. 코틀린을 널리 알리고자 하는 그의 열정은 코틀린을 사용한 지 얼마 되지 않은 개발자들을 위한 책으로 이어지게 되었습니다. 총 다섯 권으로 구성된 'Kotlin for Developers' 시리즈는 코틀린을 처음 배우는 개발자부터 코틀린에 능숙한 개발자까지 코틀린을 배우려는 사람들에게 도움이 될 만한 내용을 구성되어 있습니다. 그중 《코틀린 코루틴》과 《코틀린 아카데미: 핵심편》에 이어 《코틀린 아카데미: 함수형 프로그래밍》까지 번역할 수 있게 되어 감사할 따름입니다.

이 책을 번역하면서 많은 분들의 도움을 받았습니다. 《코틀린 아카데미: 핵심편》에 이어 오역을 확인하고 깔끔한 문장으로 다듬어 주는 등 부족한 번역문을 교정하느라 애쓰신 이복연 님, 세 권째 번역 작업을 같이 하고 있는 백주옥 님에게 감사하다는 말씀을 드리고 싶습니다. 그리고 저를 항상 응원해 주고 아껴 주는 아내 효재, 자주 찾아뵙지 못하지만 언제나 저를 사랑해 주시는 부모님께 미안하고 고맙다는 말을 전합니다.

2024년 7월
신성열

지은이의 글

21세기 초는 자바가 상업용 프로그래밍을 지배하던 시기였습니다. 그 영향으로 객체 지향 프로그래밍이 규칙처럼 받아들여졌습니다. 많은 사람이 프로그래밍 패러다임의 양대산맥인 객체 지향과 함수형 사이의 전쟁이 끝났다고 생각했습니다. 하지만 스칼라(Scala)가 처음으로 두 방식이 공존할 수 있음을 보여 주었습니다. 하나의 프로그래밍 언어가 함수형과 객체 지향적 특징을 모두 갖추고 서로를 보완하도록 할 수 있습니다. 스칼라를 기점으로 함수형 프로그래밍에 르네상스가 도래하여 수많은 언어에서 함수형 프로그래밍의 특징을 도입했습니다. 그래서 오늘날의 주요 언어 대부분이 함수형과 객체 지향 특징을 모두 지니고 있지만, 문제는 여전히 사람들이 두 가지 특징을 효율적이고 효과적으로 사용하고 있지 못한다는 점입니다.

이 책은 코틀린의 함수형 특징에 관한 책입니다. 먼저 필수 특징들을 설명하고, 이어서 컬렉션 처리, 함수 참조, 스코프 함수, 도메인 특화 언어(DSL) 사용과 생성, 컨텍스트 리시버와 같은 심화 주제를 다룹니다.

대상 독자

이 책은 코틀린을 어느 정도 사용해 본 개발자 또는 《코틀린 아카데미: 핵심편》을 읽은 독자를 대상으로 합니다.

다루는 내용

이 책에서는 코틀린의 함수형 특징을 다룹니다.

- 함수 타입
- 익명 함수
- 람다 표현식
- 함수 참조
- 함수 인터페이스
- 컬렉션 처리 함수
- 시퀀스
- DSL 사용과 생성
- 스코프 함수
- 컨텍스트 리시버

이 책은 제가 진행한 워크숍에 기초하여 쓰였습니다.

'Kotlin for Developers' 시리즈

이 책은 코틀린 아카데미(Kt. Academy)의 'Kotlin for Developers' 시리즈 중 하나입니다. 'Kotlin for Developers' 시리즈는 다음 책들로 구성되어 있습니다.[1]

- 《Kotlin Essentials(코틀린 아카데미: 핵심편)》: 코틀린의 핵심 기능을 다룹니다.
- 《Functional Kotlin(코틀린 아카데미: 함수형 프로그래밍)》: 함수 타입, 람다 표현식, 컬렉션 처리, 도메인 특화 언어(DSL), 스코프 함수를 포함한 함수형 코틀린의 특징을 다룹니다.
- 《Kotlin Coroutines(코틀린 코루틴)》: 코루틴을 사용하고 테스트하는 방법, 플로우 사용법, 코루틴의 모범 사례, 코루틴을 사용할 때 저지르는 가장 흔한 실수와 같은 코루틴의 모든 특징을 다룹니다.
- 《Advanced Kotlin(코틀린 아카데미: 고급편)》: 제네릭 가변성 수식어, 위임(delegation), 멀티플랫폼 프로그래밍, 애너테이션 처리, 코틀린 심벌 처리

---

1 이 시리즈 도서들은 모두 (주)도서출판인사이트에서 번역 출간되었거나 출간될 예정이며, 번역서 제목은 괄호 안에 표기되어 있습니다.

(KSP), 컴파일러 플러그인과 같은 코틀린의 고급 기능을 다룹니다.

- 《Effective Kotlin(이펙티브 코틀린)》: 코틀린 프로그래밍의 모범 사례를 다룹니다.

이 책에서는 독자들이 《코틀린 아카데미: 핵심편》에 소개된 기능을 알고 있다고 가정합니다. 하지만 코틀린 또는 최소한 자바라도 사용해 본 독자라면 코틀린의 함수형 특징을 공부하기에 적합할 것입니다.

코드 표기법

특정 코드에서 출력되는 값을 보여 주기 위해 주석을 활용했습니다.

```
fun main() {
    val cheer: () -> Unit = fun() {
        println("Hello")
    }
    cheer.invoke()  // Hello
    cheer()         // Hello
}
```

주석을 코드 조각 끝에 넣은 경우도 있습니다.

```
fun main() {
    val cheer: () -> Unit = fun() {
        println("Hello")
    }
    cheer.invoke()
    cheer()
}
// Hello
// Hello
```

코드 일부 또는 결과를 /*...*/로 짧게 표현한 경우도 있습니다. '코드가 더 있지만 예시와 관련은 없다'로 이해하면 됩니다.

```
adapter.setOnSwipeListener { /*...*/ }
```

소스 코드 깃허브 저장소

이 책에 소개된 대부분의 코드는 실행 가능하므로, 코틀린 파일로 '복사-붙여넣기'하여 실행할 수 있습니다. 소개된 소스 코드는 다음 깃허브 저장소에서 확인할 수 있습니다.

https://github.com/MarcinMoskala/functional_kotlin_sources

한편, 각 장에서 제공하는 연습문제를 풀어보기 위한 시작 코드, 사용 예시, 단위 테스트를 다음의 깃허브 저장소에 올려 두었습니다.

https://github.com/MarcinMoskala/kotlin-exercises

이 저장소에는 시리즈 도서 모두의 연습문제가 포함되어 있습니다. 도서별 연습문제의 디렉터리 위치는 다음과 같습니다.

```
/src
    /main
        /kotlin
            /advanced      ← 《Advanced Kotlin》
            /coroutines    ← 《Kotlin Coroutines》
            /effective     ← 《Effective Kotlin, 2/E》
            /essentials    ← 《Kotlin Essentials》
            /functional    ← 《Functional Kotlin》
```

감사의 말

이 책은 리뷰어들의 제안과 의견이 없었다면 그리 좋은 책이 될 수 없었을 것입니다. 모두에게 감사의 말을 전합니다.

오웬 그리피스(Owen Griffiths)는 1990년대 중반부터 소프트웨어 개발을 시작했으며, 클리퍼와 볼랜드 델파이 같은 언어의 놀라운 생산성을 잊지 않고 있습니다. 2001년 이후부터 웹, 서버 기반의 자바, 오픈 소스 혁명에 참여하였으며, 실무에서 자바 경험을 쌓은 후, 2015년 초반에 코틀린을 배우기 시작했습니다.

클로저와 스칼라도 잠깐 경험했지만, 코틀린이 가장 훌륭하고 재미있는 언어라고 생각하고 있으며, 코틀린 개발자가 성공할 수 있도록 열정적으로 돕고 있습니다.

엔드레 딕(Endre Deak)은 리걸 테크(legal tech)[2]의 선두 주자인 디스코(Disco)에서 AI 기반 기술을 설계하고 있는 소프트웨어 아키텍트입니다. 확장 가능한 분산 시스템을 설계하는 데 15년을 바쳤으며, 코틀린을 최고의 프로그래밍 언어 중 하나라고 생각하고 있습니다.

피오트르 프루스(Piotr Prus)는 마에모(Maemo)와 안드로이드 시스템이 처음 나왔을 때부터 안드로이드 개발자로 살아왔으며, 모바일 기술에 열정을 바치고 있습니다. 깔끔하고 간단한 설계와 읽기 쉬운 코드를 사랑하며, 기술 관련 글을 쓰고 컨퍼런스에서 연사로 참여하면서 개발자들과 기술을 공유하고 있습니다. 현재는 코틀린 멀티플랫폼 모바일과 젯팩 컴포즈 관련 활동을 다양하게 펼치고 있습니다.

자체크 코토로비츠(Jacek Kotorowicz)는 폴란드에 있는 UMCS를 졸업하였으며, 루블린(Lublin)에서 안드로이드 개발자로 일하고 있습니다. '빔(Vim)과 레이텍(LaTeX)에서의 C++'를 주제로 석사 논문을 완성했습니다. 이후에 JVM 언어들 및 안드로이드 플랫폼과 애증의 관계를 가지게 되었습니다. 코틀린은 1.0 버전이 나오기 전부터 사용했습니다. '완벽주의자가 되지 않는 법'과 '공부와 취미 생활을 위한 시간을 내는 법'을 배우고 있습니다.

안나 자르코바(Anna Zharkov)는 8년 이상의 경력을 갖춘 모바일 개발자입니다. 코틀린 분야의 GDE(Google Developer Expert)이기도 합니다. iOS와 안드로이드용 네이티브 앱과 크로스 플랫폼 앱을 모두 개발하며, 모바일 프로젝트에서 아키텍처 솔루션을 설계하였습니다. 현재는 모바일 팀을 이끌며 멘토 역할을 하고 있습니다. 드로이드콘(Droidcon), 안드로이드 월드와이드(Android Worldwide), 스위프트히어로(SwiftHero), 모비우스(Mobius)와 같은 밋업과

---

2 (옮긴이) 리걸 테크란 법과 기술의 합성어로, 법률과 기술의 결합으로 새롭게 탄생한 서비스를 말합니다.

각종 컨퍼런스에서 연사로도 활약했습니다. 오투스(Otus)에서 강사로 활동하고 있으며, 모바일 개발, 특히 코틀린 멀티플랫폼 모바일과 스위프트를 주제로 한 글도 기고하였습니다.

노버트 키셀(Norbert Kiesel)은 코틀린과 자바를 사용하는 백엔드 개발자 겸 아키텍트입니다. 5년 전부터 '더 나은 자바'로써 코틀린을 사용하기 시작했고, 그 이후로는 뒤돌아보지 않았습니다. 코틀린이 회사의 권장 언어가 되도록 주도하였으며, 동시에 코틀린 사용자 그룹을 운영하며 코틀린 도입을 돕고 있습니다.

야나 야롤리모바(Jana Jarolimova)는 아바스트(Avast)의 안드로이드 개발자입니다. 프라하시립대학교에서 자바를 가르치는 것으로 경력을 시작하였으며, 모바일 개발자로 일하게 되면서 필연적으로 코틀린과 사랑에 빠지게 되었습니다.

아시프 셰이크(Aasif Sheikh)와 서니 아디티아(Sunny Aditya)에게도 감사를 전합니다.

마지막으로 코틀린 리뷰어이며, 이 책의 전반에서 수정할 부분을 정확하게 짚어 준 마이클 팀버레이크(Michael Timberlake)에게도 감사를 표합니다.

1장

코틀린을 사용한
함수형 프로그래밍

함수형 프로그래밍이란 무엇일까요? 쉽게 답할 수 없는 질문입니다. '개발자 두 명에게 함수형 프로그래밍이 무엇인지 물어보면 최소한 세 가지 답변이 돌아올 것이다'라는 유명한 말이 있습니다. 저도 모든 사람이 동의하는 단 하나의 정의가 있다고 생각하지 않습니다. 하지만 다음과 같이 함수형 프로그래밍과 관련하여 자주 함께 거론되는 개념들이 있습니다.

- 함수를 객체처럼 다룸
- 고차 함수
- 데이터 불변성
- 구문을 표현식으로 사용함[1]
- 지연 연산
- 패턴 매칭
- 재귀 함수 호출

---

1 안드레이 브레슬라프(Andrey Breslav)는 Kotlin Dev Day 2022에서 스칼라 언어의 창시자인 마틴 오더스키(Martin Odersky)에게 무엇이 언어를 함수형으로 만드는지 물어봤습니다. 마틴은 모든 문장이 표현식일 때 그렇다고 답했습니다. 문장(statement)은 개발자가 프로그래밍 언어로 표현하는 하나의 명령이며, 일반적으로 코드 한 줄입니다. 표현식(expression)은 값을 반환하는 무언가를 의미합니다.

함수형 프로그래밍을 뒷받침하는 사고방식도 있습니다. 객체 지향에서는 세상을 객체들의 집합으로 보며, 함수형에서는 세상을 함수의 집합으로 간주합니다. 침실을 생각해 보세요. 침실이란 침대, 침실용 탁자, 머리맡의 조명이 있는 장소인가요? 단지 잠을 자는 공간에 불과한가요?

코틀린은 함수형 언어일까요? 어떤 개발자는 "그렇다"고 말할 것이고, 다른 개발자는 "아니오"라고 말할 것입니다. 다음 두 가지는 확실합니다.

1. 코틀린은 함수형 프로그래밍 언어의 전형적인 특징 대부분을 매우 잘 지원합니다.
2. 코틀린은 '순수한' 함수형 언어는 아닙니다.

코틀린은 함수형 프로그래밍 언어의 전형적인 특징 대부분을 매우 잘 지원합니다. 앞에서 소개한 함수형 프로그래밍의 전형적인 개념들을 코틀린이 어떤 방식으로 지원하는지 살펴봅시다.

특징	지원
함수를 객체처럼 다룸	함수 타입, 람다 표현식, 함수 참조
고차 함수	완벽히 지원
데이터 불변성	val 지원, 기본 컬렉션은 읽기 전용, 데이터 클래스에서 copy 함수 제공
표현식	if-else, try-catch, when 문이 모두 표현식
지연 연산	lazy 대리자(delegate)
패턴 매칭	스마트 캐스팅을 지원하는 when 문
재귀 함수 호출	tailrec 제어자

코틀린은 함수형 프로그래밍을 지원하도록 설계되었지만 하스켈(Haskell)이나 스칼라(Scala)만큼은 아닙니다. 코틀린이 지원하지 않는 함수형 프로그래밍 특징도 많습니다. 커링(currying)[2]과 부분 함수 적용 등을 그 예로 들 수 있습니다. 코틀린 창시자들은 실제 프로젝트에서 사용하기에 가장 적합한 함수형 프로그래밍 특징은 도입하고, 코드를 이해하거나 수정하기 어렵게 만드는 특징

---

2 (옮긴이) 커링이란 인수를 여러 개 받는 함수를 하나만 받는 함수(unary)로 만드는 과정을 말합니다.

은 버리기로 했습니다. 그들의 결정은 옳았을까요? 답을 내릴 수는 없지만, 많은 개발자들이 지금의 코틀린을 좋아하는 것 같습니다.

몇몇 개발자는 코틀린에서 지원하지 않는 함수형 프로그래밍의 특징을 사용하고 싶어서 애로우(Arrow)와 같은 외부 라이브러리를 구현했습니다. 애로우를 이용하면 코틀린에서 빠진 함수형 특징 중 일부를 사용할 수 있습니다. 이 책은 코틀린이 기본으로 갖추고 있는 함수형 특징에 집중하지만, 마지막 13장에서는 애로우의 핵심 특징을 간략하게 소개합니다. 13장은 애로우 관리자이자 공동 창시자인 알레한드로 세라노 메나(Alejandro Serrano Mena), 사이먼 베르가우웬(Simon Vergauwen), 라울 라자 마르티네스(Raúl Raja Martínez)가 썼습니다.

코틀린은 순수한 함수형 언어는 아닙니다. 객체 지향의 전형적인 특징을 지원하며, 자바의 후계 언어로 활용하는 경우가 많습니다. 코틀린은 객체 지향과 함수형에서 가장 좋은 점만 취할 수 있게 만들어졌습니다.

이 책은 독자 여러분이 코틀린의 기본적인 특징을 이미 알고 있다고 가정합니다. 코틀린을 매일 사용하는 개발자든, 시리즈 이전 책인 《코틀린 아카데미: 핵심편》을 읽었든, 기본 문법만 방금 익혔든 다 상관없습니다. 데이터 클래스가 무엇인지 알고, val과 var의 차이를 이해하고, 여러 문장(statement)이 어떻게 표현식(expression)으로도 사용되는지 알고 있으면 됩니다. 이 책에서는 제가 생각하는 함수형 프로그래밍의 본질인 '함수를 객체로 사용하는 법'에 초점을 맞추고자 합니다. 따라서 함수 타입, 익명 함수, 람다 표현식, 함수 참조와 같은 특징을 배울 것입니다. 그런 다음 함수를 객체로 사용하는 가장 중요하고 실용적인 예인 '컬렉션을 함수형 스타일로 다루는 법'을 설명합니다. 이어서 타입에 안전한 DSL 빌더와 스코프 함수의 사용법을 살펴봅니다. 저는 이 책에서 소개하는 주제들이 코틀린이 함수형 프로그래밍을 지원하고 적용하는 가장 중요한 면이라고 생각합니다.

이제부터 함수형 언어의 본질적인 특징인 '함수를 객체로 사용하는 법'을 살펴봅시다. 왜 함수를 객체로 다뤄야 할까요?

왜 함수를 객체로 다뤄야 할까요?

함수를 객체로 사용해야 하는 이유를 설명하기 위한 예를 준비했습니다. 다음
의 두 함수를 봅시다.

```kotlin
fun sum(a: Int, b: Int): Int {
    var sum = 0
    for (i in a..b) {
        sum += i
    }
    return sum
}

fun product(a: Int, b: Int): Int {
    var product = 1
    for (i in a..b) {
        product *= i
    }
    return product
}

fun main() {
    sum(5, 10)     // 45
    product(5, 10)  // 151200
}
```

첫 번째 함수 sum은 지정한 범위의 수 모두를 더하며, 두 번째 함수 product는
곱합니다. 두 함수의 본문은 초깃값과 사용하는 연산이 다른 점만 빼면 거의
같습니다. 이럴 때 함수를 객체로 다루지 못한다면 공통 부분을 추출하기가 정
말 어렵습니다. 자바 7까지의 시절을 떠올려 보세요. 각 연산을 클래스로 만들
고, 기대하는 바를 명시한 인터페이스도 정의해야 하는데… 터무니없는 일이
라고 볼 수 있습니다.

```java
// 자바 7
public class RangeOperations {

    public static int sum(int a, int b) {
        return fold(a, b, 0, new Operation() {
            @Override
            public int invoke(int left, int right) {
                return a + b;
```

```
            }
        });
    }

    public static int product(int a, int b) {
        return fold(a, b, 1, new Operation() {
            @Override
            public int invoke(int left, int right) {
                return a * b;
            }
        });
    }

    private interface Operation {
        int invoke(int left, int right);
    }

    private static int fold(
        int a,
        int b,
        int initial,
        Operation operation
    ) {
        int acc = initial;
        for (int i = a; i <= b; i++) {
            acc = operation.invoke(acc, i);
        }
        return acc;
    }
}
```

이럴 때는 함수형 프로그래밍의 특징을 사용하는 것이 좋습니다. 함수형 프로그래밍을 활용하면 함수를 만들어 객체처럼 전달하기가 쉬워집니다. 함수 생성에는 '람다 표현식'을 사용합니다. 매개변수로 받을 함수의 타입은 '함수 타입'을 써서 표현합니다. 람다 표현식과 함수 타입을 사용하면 앞의 코드를 다음처럼 작성할 수 있습니다.

```
fun sum(a: Int, b: Int) =
    fold(a, b, 0, { acc, i -> acc + i })

fun product(a: Int, b: Int) =
    fold(a, b, 1, { acc, i -> acc * i })
```

```
fun fold(
    a: Int,
    b: Int,
    initial: Int,
    operation: (Int, Int) -> Int
): Int {
    var acc = initial
    for (i in a..b) {
        acc = operation(acc, i)
    }
    return acc
}
```

함수형 프로그래머들은 함수형 프로그래밍의 특징을 이용하면 반복되는 코드 패턴을 다른 함수로 추출할 수 있음을 오래전부터 알고 있었습니다. 지금 코드의 fold가 좋은 예입니다. 실제로 코틀린 표준 라이브러리(stdlib)는 더 범용적인 형태로 구현된 fold를 제공합니다. 그래서 sum과 product 함수를 다음과 같이 정의할 수 있습니다.

```
fun sum(a: Int, b: Int) =
    (a..b).fold(0) { acc, i -> acc + i }

fun product(a: Int, b: Int) =
    (a..b).fold(1) { acc, i -> acc * i }
```

함수 참조를 사용하면 다음처럼도 정의할 수 있습니다.

```
fun sum(a: Int, b: Int) = (a..b).fold(0, Int::plus)

fun product(a: Int, b: Int) = (a..b).fold(1, Int::times)
```

컬렉션 처리 함수를 잘 알고 있다면 순회 가능한 객체에 담겨 있는 모든 수의 총합도 sum 메서드로 구할 수 있다는 사실도 알고 있을 것입니다.

```
fun sum(a: Int, b: Int) = (a..b).sum()

fun product(a: Int, b: Int) = (a..b).fold(1, Int::times)
```

흥미롭나요? 이제부터 함수형 프로그래밍에 대해 더 깊게 살펴볼 것입니다. 바로 시작해 봅시다.

2장

함수 타입

함수를 객체로 표현하려면 함수를 표현할 타입이 필요합니다. 타입(type)[1]은 객체가 담고 있는 메서드[2]와 프로퍼티를 명시함으로써 객체가 무엇을 할 수 있는지를 정의합니다. 그리고 함수 타입(function type)은 객체가 함수여야 함을 명시하는 타입입니다. 함수 타입으로 정의된 함수는 invoke 메서드로 호출할 수 있습니다. 하지만 함수마다 매개변수와 결과 타입이 다를 수 있기 때문에 함수 타입의 종류 또한 다양합니다.

함수 타입 정의

함수 타입은 소괄호로 시작하며, 소괄호 안에는 매개변수 타입들을 쉼표로 구분해 나열합니다. 소괄호 다음에는 화살표(->)와 결과 타입이 와야 합니다. 코틀린의 모든 함수는 결과 타입이 있어야 하므로 의미 있는 값을 반환하지 않는 함수는 결과 타입을 Unit[3]으로 지정합니다.

---

1   타입에 대해서는 《코틀린 아카데미: 핵심편》의 20장 '코틀린 타입 시스템의 묘미'에서 자세히 설명합니다.
2   메서드는 클래스와 연관된 함수입니다. 객체를 통해 호출되기 때문에 멤버 함수와 확장 함수 모두 메서드입니다.
3   Unit은 제네릭 타입에서 사용할 수 있는 단일 값을 가진 객체입니다. 반환 타입이 Unit인 함수는 void로 지정된 자바 메서드와 같습니다.

```
(Paramtype1, ParamType2, ParamType3) -> ResType
```

매개변수 타입들   결과 타입

다음은 함수 타입의 예입니다(다음 장에서 실제로 사용해 보겠습니다).

- () -> Unit: 가장 간단한 함수 타입으로, 인수가 없으며 무의미한 값을 반환합니다.[4]
- (Int) -> Unit: Int 타입의 인수 하나를 받고 무의미한 값을 반환하는 함수 타입
- (String, String) -> Unit: String 타입 인수를 두 개 받으며 무의미한 값을 반환하는 함수 타입
- () -> User: 인수가 없으며 User 타입의 객체를 반환하는 함수 타입
- (String, String) -> String: String 타입 인수를 두 개 받고 String 타입의 객체를 반환하는 함수 타입
- (String) -> Name: String 타입 인수를 하나 받고 Name 타입의 객체를 반환하는 함수 타입

(T) -> Boolean처럼 Boolean을 반환하는 함수는 predicate(프레디키트)라고 합니다. (T) -> R처럼 값 하나를 다른 값으로 변환하는 함수는 transform이라고 합니다. (T) -> Unit처럼 Unit을 반환하는 함수는 operation이라고 합니다.

함수 타입 활용

함수 타입은 invoke라는 단 하나의 메서드만 제공합니다. 메서드의 매개변수 타입와 결과 타입은 함수 타입이 정의한 것과 동일합니다.

```
fun fetchText(
    onSuccess: (String) -> Unit,
    onFailure: (Throwable) -> Boolean
```

4 《코틀린 아카데미: 핵심편》의 20장 '코틀린 타입 시스템의 묘미'를 읽었다면 Unit을 '아무것도 없다'가 아니라 '무의미한 값'으로 설명하는 이유를 이해할 것입니다. 코틀린의 함수는 실제로 '아무것도 없음'을 반환할 수 있습니다. 이럴 때는 결과 타입으로 Nothing을 지정합니다만, Unit과 의미가 아주 다릅니다.

```
) {
    // ...
    onSuccess.invoke("Some text")  // Unit을 반환합니다.
    // 또는
    val handled: Boolean =
        onFailure.invoke(Error("Some error"))
}
```

invoke는 연산자[5]이므로, 이 메서드를 가진 '객체를 호출'할 수 있습니다. 다음
은 invoke를 암묵적으로 호출하는 방식입니다.

```
fun fetchText(
    onSuccess: (String) -> Unit,
    onFailure: (Throwable) -> Boolean
) {
    // ...
    onSuccess("Some text")  // Unit을 반환합니다.
    // 또는
    val handled: Boolean = onFailure(Error("Some error"))
}
```

두 가지 방식 중 선호하는 방식으로 사용하면 됩니다. invoke를 명시적으로 호
출하면 경험이 적은 개발자들이 읽기 쉬워집니다. 암묵적인 호출은 더 짧으며,
개념적으로 보면 객체를 호출한다는 사실을 더 잘 표현한다고 할 수 있습니다.
　함수 타입이 널 가능하다면 함수 타입을 소괄호로 감싸고 끝에 물음표를 붙
입니다. 이럴 때는 invoke를 명시적으로 사용하여 안전하게 호출하는 방식만
가능합니다.

```
fun someOperations(
    onStart: (() -> Unit)? = null,
    onCompletion: (() -> Unit)? = null,
) {
    onStart?.invoke()
    // ...
    onCompletion?.invoke()
}
```

5　연산자에 대해서는 《코틀린 아카데미: 핵심편》의 19장 '연산자 오버로딩'에서 자세히 설명합니다.

함수 타입은 타입이 필요한 곳 어디서든 사용할 수 있습니다. 클래스 정의, 제네릭 타입 인수, 매개변수 정의 등에서 모두 가능합니다.

```
class Button(val text: String, val onClick: () -> Unit)

var listeners: List<(Action) -> Unit> = emptyList()

fun setListener(listener: (Action) -> Unit) {
    listeners = listeners + listener
}
```

함수 타입은 다른 함수 타입을 정의할 때도 사용할 수 있습니다.

- (() -> Unit) -> Unit: 함수 타입 () -> Unit을 인수로 받고 무의미한 값을 반환하는 함수 타입
- () -> () -> Unit: 인수가 없으며 결과로 함수 타입 () -> Unit을 반환하는 함수 타입

이런 형태로는 거의 쓰이지 않지만, 함수 타입 정의에 함수 타입이 포함될 수 있다는 사실은 알아 두는 것이 좋습니다.

명명된 매개변수

다음과 같이 매개변수를 여러 개 받는 함수 타입을 떠올려 봅시다. 각 매개변수가 무엇을 의미하는지 명확하지 않습니다.

```
fun setListItemListener(
    listener: (Int, Int, View, View) -> Unit
) {
    listeners = listeners + listener
}
```

이런 형태의 함수는 사용자들을 혼란스럽게 할 것이며, 인텔리제이의 이름 제안 기능 역시 아무런 도움을 주지 못합니다.

```
set
⊕ setListItemListener(listener: (Int, Int, View, View) -> Unit) (<root>)         Unit
⊕ setListItemListener { Int, Int, View, View -> ... } (listener: (Int, Int, Vi… Unit
```

```
setListItemListener { i, i2, view, view2 -> }
                      i
                      Press ↵ or → to replace            ⋮
```

타입만 표기하는 대신, 함수 타입에 매개변수 이름을 지정할 수도 있습니다. 이름은 매개변수 타입 앞에 명시하며, 이름과 타입 사이에는 콜론(:)을 넣어 줍니다.

```kotlin
fun setListItemListener(
    listener: (
        position: Int,
        id: Int,
        child: View,
        parent: View
    ) -> Unit
) {
    listeners = listeners + listener
}
```

인텔리제이가 보여 주는 힌트에는 매개변수의 타입과 함께 명시한 이름이 쓰이며, 해당 타입을 사용해 람다 표현식을 정의할 때도 명시한 이름으로 제안합니다.

```
set
⊕ setListItemListener(listener: (Int, Int, View, View) -> Unit) (<root>)         Unit
⊕ setListItemListener { position, id, child, parent -> ... } (listener: (Int, Int, Vie
```

```
setListItemListener { position, id, child, parent -> }
```

명명된 매개변수는 오로지 개발자의 편의를 위한 것일 뿐, 기술적으로는 전혀 필요하지 않습니다. 그렇더라도 매개변수의 의미가 불분명할 때 이름을 넣어 주는 건 좋은 습관이라 할 수 있습니다.

타입 별명

함수 타입은 아주 길어질 수 있습니다. 명명된 매개변수를 사용하면 더욱 길어질 것입니다. 그런데 일반적으로 길이가 긴 타입은 문제가 될 수 있으며, 특히 타입을 반복해서 사용하는 경우에 더욱 그렇습니다. 다음의 setListItemListener 예를 생각해 봅시다. listener 프로퍼티와 removeListItemListener 함수에서 같은 함수 타입이 반복되고 있습니다.

```kotlin
private var listeners =
    emptyList<(Int, Int, View, View) -> Unit>()

fun setListItemListener(
    listener: (
        position: Int, id: Int,
        View, parent: View
    ) -> Unit
) {
    listeners = listeners + listener
}

fun removeListItemListener(
    listener: (Int, Int, View, View) -> Unit
) {
    listeners = listeners - listener
}
```

타입 별명은 typealias 키워드로 정의합니다. 키워드 다음에 별명을 쓰고, 등호(=)를 넣은 뒤, 실제 타입을 지정합니다. 타입 별명을 정의하는 건 누군가에게 별명을 붙이는 것과 비슷합니다. 실제로 새로운 타입을 만드는 것이 아니라 같은 타입을 참조하는 새로운 방법을 만드는 것뿐입니다. 타입 별명은 컴파일할 때 실제 타입으로 대체되기 때문에 두 가지 타입은 서로 바꿔서 사용 가능합니다.

```kotlin
typealias Users = List<User>

fun updateUsers(users: Users) {}
// 컴파일하는 동안 fun updateUsers(users: List<User>) {}로 바뀝니다.
```

```
fun main() {
    val users: Users = emptyList()
    // 컴파일하는 동안 val users: List<User> = emptyList()로 바뀝니다.

    val newUsers: List<User> = emptyList()
    updateUsers(newUsers)  // 허용됩니다.
}
```

타입 별명은 라이브러리 사이의 이름 충돌을 해결하는 데도 유용합니다. 예를 하나 봅시다.[6]

```
import thirdparty.Name

class Foo {
    val name1: Name
    val name2: my.Name
}
```

앞의 코드 대신에 타입 별명을 사용하여 다음 코드처럼 작성할 수 있습니다.

```
import my.Name

typealias ThirdPartyName = thirdparty.name

class Foo {
    val name1: ThirdPartyName
    val name2: Name
}
```

타입 별명은 타입을 잘못 사용하는 걸 막아 주지는 못하기 때문에 주의가 필요합니다. 같은 타입을 가리키는 별명을 여러 개 정의하면 엉뚱하게 뒤섞여 사용될 수 있습니다.[7]

```
// 이렇게 하지 마세요! 오해를 불러 일으키며 타입 안전성이 없어집니다.
typealias Minutes = Int
typealias Seconds = Int
```

---

6 엔드레 디크(Endre Deak)가 소개한 예입니다.
7 타입 오용 방지법에 대한 자세한 설명은 《Effective Kotlin 2/E》의 '아이템 52: 인라인 클래스의 사용을 고려하라(Consider using inline value classes)'를 참고하세요.

```
fun decideAboutTime(): Minutes = 10
fun setupTimer(time: Seconds) {
    /*...*/
}

fun main() {
    val time = decideAboutTime()
    setupTimer(time)
}
```

함수 타입은 인터페이스입니다

내부적으로 모든 함수 타입은 제네릭 타입 매개변수를 받는 인터페이스에 불과합니다. 이것이 클래스가 함수 타입을 구현(implement)할 수 있는 이유입니다.

```
class OnClick : (Int) -> Unit {
    override fun invoke(viewId: Int) {
        // ...
    }
}

fun setListener(l: (Int) -> Unit) {
    /*...*/
}

fun main() {
    val onClick = OnClick()
    setListener(onClick)
}
```

함수 타입에 대해 배웠지만, 함수 타입의 객체를 생성하는 방법은 여전히 모릅니다. 이 주제는 이어지는 네 개의 장에서 다룹니다. 그중에서도 다음 장에서는 가장 간단하고, 오래되었으며, 동시에 가장 잊혀진 방법인 익명 함수를 소개하겠습니다.

3장

익명 함수

이제 함수 타입을 구현한 객체를 만드는 법을 배울 차례입니다. 코틀린에 익숙한 개발자들은 람다 표현식을 기다렸겠지만, 전임자인 익명 함수부터 시작하겠습니다.

익명 함수는 일반 함수 정의에서 이름을 제거하여 만들 수 있습니다. 익명 함수는 함수 타입 객체를 반환하는 표현식입니다. 익명 함수는 일반 함수를 정의하지 않으므로, (다음 예에서 보듯) 익명 함수를 정의해 사용하려면 결괏값을 프로퍼티에 할당해야 합니다.

```
// 이름이 `add1`인 일반 함수입니다.
fun add1(a: Int, b: Int) = a + b

// `add2` 프로퍼티에 저장된 익명 함수입니다.
val add2 = fun(a: Int, b: Int): Int {
    return a + b
}
```

익명 함수를 정의할 때 단일 표현식이나 일반적인 구문을 사용할 수 있습니다.

```
val add2 = fun(a: Int, b: Int) = a + b
```

제네릭 타입 매개변수와 디폴트 인수는 지원하지 않습니다.

```kotlin
// 에러입니다! 제네릭 익명 함수는 지원하지 않습니다.
val f = fun <T> (a: T): T = a  // 컴파일 에러!
```

add2의 추론 타입은 (Int, Int) -> Int입니다.

```kotlin
val add2 = fun(a: Int, b: Int) = a + b
```

```
add
 add2    (Int, Int) -> Int
```

✓ 자바스크립트에서도 익명 함수가 람다 표현식의 전임자였습니다. 자바스크립트 커뮤니티에서는 흔히 화살표 함수(arrow function)라고 합니다.

이전 장에서 함수 타입 목록을 예로 보여드렸습니다. 다음 코드에서 각 타입에 해당하는 익명 함수를 찾아보세요.

```kotlin
data class User(val id: Int)
data class Name(val name: String)

fun main() {
    val cheer: () -> Unit = fun() {
        println("Hello")
    }
    cheer.invoke()  // Hello
    cheer()         // Hello

    val printNumber: (Int) -> Unit = fun(i: Int) {
        println(i)
    }
    printNumber.invoke(10)  // 10
    printNumber(20)         // 20

    val log: (String, String) -> Unit =
        fun(ctx: String, message: String) {
            println("[$ctx] $message")
        }
    log.invoke("UserService", "Name changed")
    // [UserService] Name changed
    log("UserService", "Surname changed")
    // [UserService] Surname changed
    val makeAdmin: () -> User = fun() = User(id = 0)
```

```
println(makeAdmin())  // User(id=0)

val add: (String, String) -> String =
    fun(s1: String, s2: String): String {
        return s1 + s2
    }
println(add.invoke("A", "B"))  // AB
println(add("C", "D"))         // CD

val toName: (String) -> Name =
    fun(name: String) = Name(name)
val name: Name = toName("Cookie")
println(name)  // Name(name=Cookie)
}
```

익명 함수는 결과와 매개변수의 타입을 명시합니다. 다음 예처럼 변수 타입을 추론할 수 있다는 뜻입니다(cheer와 printNumber 변수의 타입은 추론할 수 있기 때문에 명시하지 않았습니다).

```
val cheer = fun() {
    println("Hello")
}
val printNumber = fun(i: Int) {
    println(i)
}
val log = fun(ctx: String, message: String) {
    println("[$ctx] $message")
}
val makeAdmin = fun() = User(id = 0)
val add = fun(s1: String, s2: String): String {
    return s1 + s2
}
val toName = fun(name: String) = Name(name)
```

한편, 매개변수의 타입을 추론할 수 있을 때는 익명 함수에서 타입을 정의하지 않아도 됩니다.

```
val printNumber: (Int) -> Unit = fun(i) {
    println(i)
}
val log: (String, String) -> Unit = fun(ctx, message) {
    println("[$ctx] $message")
}
```

```
val add: (String, String) -> String = fun(s1, s2): String {
    return s1 + s2
}
val toName: (String) -> Name = fun(name) = Name(name)
```

지금은 익명 함수는 거의 잊혀져서 잘 쓰이지 않습니다. 사람들은 편리한 후임
자로 람다 표현식을 선호합니다. 람다 표현식은 더 짧고 지원이 더 잘 되는 데
다가, 인텔리제이는 람다 표현식만 힌트로 제시합니다. 이제 그 유명한 람다
표현식을 만나볼 차례입니다.

4장

람다 표현식

람다 표현식은 익명 함수보다 짧은 대안입니다. 함수를 표현하는 객체를 정의할 때 사용하기도 합니다. 두 표기법 모두 컴파일되면 같은 결과를 만들지만, 람다 표현식이 더 많은 기능을 지원합니다(이번 장에서 대부분 소개합니다). 결국 람다 표현식이 함수를 표현하는 객체를 생성하는 가장 인기 있고 관용적인 방법이기 때문에, 람다 표현식을 이해하는 것이 코틀린의 함수형 특징을 사용하는 데 필수적이라고 할 수 있습니다.

 함수를 나타내는 객체가 결괏값으로 생성되는 표현식을 **함수 리터럴**(function literal)이라 합니다. 따라서 람다 표현식과 익명 함수 모두 함수 리터럴입니다.

까다로운 중괄호

람다 표현식은 중괄호 안에 정의합니다. 게다가 빈 중괄호로도 람다 표현식을 정의할 수 있습니다.

```
fun main() {
    val f: () -> Unit = {}
    f()
    // 또는 f.invoke()
}
```

코틀린 구조에 해당하지 않는 중괄호는 모두 람다 표현식이기 때문에 주의해야 합니다('고아가 된 람다 표현식'이라고 합니다). 중괄호의 이런 특징 때문에 많은 문제가 생길 수 있습니다. 다음 예를 확인해 봅시다. main 함수가 출력하는 값은 무엇일까요?

```
fun main() {
    {
        println("AAA")
    }
}
```

'아무것도 출력하지 않는다'가 답입니다. 이 코드는 실행되지 않는 람다 표현식을 만듭니다. 또 다른 문제를 내 보겠습니다. 다음 produce 함수가 반환하는 값은 무엇일까요?

```
fun produce() = { 42 }

fun main() {
    println(produce())  // ???
}
```

직관적인 답은 42겠지만, 이번에도 정답은 아닙니다. 중괄호는 단일 표현식 함수 표기법이 아닙니다. produce 함수는 () -> Int 타입의 람다 표현식을 반환하므로, JVM에서 이 코드는 Function0<java.lang.Integer> 또는 () -> Int를 출력합니다. 코드를 의도에 맞게 고치려면 함수를 생성해 호출하거나 단일 표현식 정의에서 중괄호를 제거해야 합니다.

```
fun produceFun() = { 42 }
fun produceNum() = 42

fun main() {
    val f = produceFun()
    println(f())                    // 42
    println(produceFun()())         // 42
    println(produceFun().invoke())  // 42
    println(produceNum())           // 42
}
```

매개변수

람다 표현식에 매개변수가 있다면 중괄호 안의 내용을 화살표(->)로 분리시켜
야 합니다. 화살표 앞에는 매개변수 이름과 타입을 쉼표로 구분하여 명시합니
다. 화살표 다음에는 함수 본문을 작성합니다.

```kotlin
fun main() {
    val printTimes = { text: String, times: Int ->
        for (i in 1..times) {
            print(text)
        }
    } // 타입은 (text: String, times: Int) -> Unit입니다.
    printTimes("Na", 7)                // NaNaNaNaNaNaNa
    printTimes.invoke("Batman", 2)  // BatmanBatman
}
```

대체로 람다 표현식은 어떤 함수의 인수로 정의합니다. 일반 함수는 매개변수
타입을 정의하여 람다 표현식의 매개변수 타입을 추론할 수 있도록 해 주는 게
좋습니다.

```kotlin
fun setOnClickListener(listener: (View, Click) -> Unit) {}

fun main() {
    setOnClickListener({ view, click ->
        println("Clicked")
    })
}
```

매개변수를 무시하고 싶으면 이름 대신에 밑줄(_)을 사용합니다. 밑줄은 무시
되는 매개변수를 보여 주는 자리 표시자(placeholder)입니다.

```kotlin
setOnClickListener({ _, _ ->
    println("Clicked")
})
```

인텔리제이는 사용하지 않는 매개변수를 밑줄로 바꾸도록 제안합니다.

람다 표현식의 매개변수를 정의할 때 구조 분해를 사용할 수도 있습니다.[1]

```
data class User(val name: String, val surname: String)
data class Element(val id: Int, val type: String)

fun setOnClickListener(listener: (User, Element) -> Unit) {}

fun main() {
    setOnClickListener({ (name, surname), (id, type) ->
        println(
            "User $name $surname clicked " +
            "element $id of type $type"
        )
    })
}
```

후행 람다

코틀린은 람다 표현식을 사용하는 관례 하나를 도입했습니다. 마지막 매개변
수가 함수 타입인 함수를 호출한다면, 람다 표현식을 괄호 바깥에 정의할 수
있다는 것입니다. 이를 **후행 람다**(trailing lambda)라고 합니다. 함수 타입이 유
일한 매개변수라면 매개변수용 괄호를 생략하고 람다 표현식을 바로 정의할
수도 있습니다. 다음 예를 봅시다.

```
inline fun <R> run(block: () -> R): R = block()

inline fun repeat(times: Int, block: (Int) -> Unit) {
    for (i in 0 until times) {
        block(i)
    }
}
```

1　구조 분해에 대해서는 《코틀린 아카데미: 핵심편》의 11장 '데이터 클래스'에서 자세히 설명합니다.

```kotlin
fun main() {
    run({ println("A") })     // A
    run() { println("A") }    // A
    run { println("A") }      // A

    repeat(2, { print("B") })  // BB
    println()
    repeat(2) { print("B") }   // BB  <- 후행 람다
}
```

✅ 이 예에서 run과 repeat는 모두 표준 라이브러리의 함수를 간소화한 것입니다.

따라서 앞서 정의한 setOnClickListener도 다음 코드처럼 호출할 수 있습니다.

```kotlin
setOnClickListener { _, _ ->
    println("Clicked")
}
```

1장에서 봤던 sum과 product를 기억하나요? 이 함수들을 다음과 같이 fold 함수에 후행 람다를 사용해 구현했습니다.

```kotlin
fun sum(a: Int, b: Int) =
    (a..b).fold(0) { acc, i -> acc + i }

fun product(a: Int, b: Int) =
    (a..b).fold(1) { acc, i -> acc * i }
```

하지만 이 방식은 마지막 매개변수에만 적용되므로 주의해야 합니다. 다음 코드를 보고 출력 결과를 추측해 보세요.

```kotlin
fun call(before: () -> Unit = {}, after: () -> Unit = {}) {
    before()
    print("A")
    after()
}

fun main() {
    call({ print("C") })
    call { print("B") }
}
```

답은 "CAAB"입니다. 까다롭지 않나요? 그러니 매개변수가 둘 이상인 함수를 호출한다면 '명명된 인수 규약'[2]을 따르세요.

```kotlin
fun main() {
    call(before = { print("C") })
    call(after = { print("B") })
}
```

결괏값

람다 표현식은 처음에는 짧은 함수를 구현하기 위해 설계되었습니다. 본문의 크기를 최소로 줄이고자 명시적인 return 대신에 마지막 문장의 결과를 반환합니다. 예를 들면, { 42 }에서는 42가 마지막 문장이므로 42를 반환합니다. { 1; 2 }는 2를 반환합니다. 마찬가지로 { 1; 2; 3; }은 3을 반환합니다.

```kotlin
fun main() {
    val f = {
        10
        20
        30
    }
    println(f())  // 30
}
```

대부분의 경우에는 정말 편리하지만, 함수를 일찍 끝내고 싶다면 어떻게 해야 할까요? 간단하게 return을 넣는 건 도움이 되지 않습니다(이유는 나중에 살펴보겠습니다).

```kotlin
fun main() {
    onUserChanged { user ->
        if (user == null) return  // 컴파일 에러
        cheerUser(user)
    }
}
```

---

2 명명된 인수와 관련한 모범 사례는 《Effective Kotlin 2/E》의 '아이템 17: 명명된 인수를 사용하라(Consider naming arguments)'에서 확인할 수 있습니다. 명명된 인수(명명된 매개변수)는 《코틀린 아카데미: 핵심편》의 6장 '힘수'에서 자세히 설명합니다.

람다 표현식 중간에 return을 사용하려면 람다 표현식을 가리키는 레이블(label)을 사용해야 합니다. 레이블은 레이블 이름과 @을 붙여 람다 표현식 앞에 지정합니다. 이렇게 지정한 레이블을 붙여 return을 호출하면 해당 람다 표현식에서 반환할 수 있습니다.

```kotlin
fun main() {
    onUserChanged someLabel@{ user ->
        if (user == null) return@someLabel
        cheerUser(user)
    }
}
```

이 과정을 간단히 해 주는 관례가 있습니다. 람다 표현식이 함수의 인수로 사용되면 함수의 이름이 기본 레이블이 됩니다. 다음 예에서는 레이블을 따로 지정하지 않았지만 기본 레이블인 onUserChanged를 사용해 람다 표현식에서 반환하는 모습을 보여 줍니다.

```kotlin
fun main() {
    onUserChanged { user ->
        if (user == null) return@onUserChanged
        cheerUser(user)
    }
}
```

기본 레이블을 사용하는 것이 람다 표현식에서 조기 반환하는 전형적인 방법입니다. 이론상 람다 표현식이 중첩됐을 때, 레이블을 명시하면 바깥쪽 람다 표현식에서 반환할 수 있어 유용할 것 같습니다.

```kotlin
fun main() {
    val magicSquare = listOf(
        listOf(2, 7, 6),
        listOf(9, 5, 1),
        listOf(4, 3, 8),
    )
    magicSquare.forEach line@ { line ->
        var sum = 0
        line.forEach { elem ->
            sum += elem
            if (sum == 15) {
```

```
                    return@line
            }
        }
        print("Line $line not correct")
    }
}
```

하지만 이 방식은 기본적인 캡슐화 규칙을 어기기 때문에 실전에서는 잘 쓰이지 않으며, 심지어 나쁜 방법으로 여겨집니다.[3] 내부 함수에서 예외를 던지는 모습과 비슷하지만, 이때는 호출자가 예외를 잡고 처리할 기회가 있습니다. 하지만 외부 레이블에서 반환하게 되면 중간 호출자들을 완전히 무시하게 됩니다.

람다 표현식 예시

이전 장에서는 익명 함수로 구현한 함수들을 보여 주었습니다. 똑같은 코드들을 람다 표현식으로 정의하면 다음처럼 됩니다.

```
fun main() {
    val cheer: () -> Unit = {
        println("Hello")
    }
    cheer.invoke()  // Hello
    cheer()         // Hello

    val printNumber: (Int) -> Unit = { i: Int ->
        println(i)
    }
    printNumber.invoke(10)  // 10
    printNumber(20)         // 20

    val log: (String, String) -> Unit =
        { ctx: String, message: String ->
            println("[$ctx] $message")
        }
    log.invoke("UserService", "Name changed")
    // [UserService] Name changed
```

---

3 이 코드는 알고리즘 측면에서도 좋지 못합니다. 8장에서 보게 될 sumOf 함수를 대신 사용해야 합니다.

```
    log("UserService", "Surname changed")
    // [UserService] Surname changed

    data class User(val id: Int)

    val makeAdmin: () -> User = { User(id = 0) }
    println(makeAdmin())  // User(id=0)

    val add: (String, String) -> String =
        { s1: String, s2: String -> s1 + s2 }
    println(add.invoke("A", "B"))  // AB
    println(add("C", "D"))         // CD

    data class Name(val name: String)

    val toName: (String) -> Name =
        { name: String -> Name(name) }
    val name: Name = toName("Cookie")
    println(name)  // Name(name=Cookie)
}
```

람다 표현식은 매개변수의 타입을 명시할 수 있으므로 결과 타입도 추론할 수 있습니다.

```
val cheer = {
    println("Hello")
}
val printNumber = { i: Int ->
    println(i)
}
val log = { ctx: String, message: String ->
    println("[$ctx] $message")
}
val makeAdmin = { User(id = 0) }
val add = { s1: String, s2: String -> s1 + s2 }
val toName = { name: String -> Name(name) }
```

한편, 매개변수의 타입을 추론할 수 있을 때는 람다 표현식에서 정의할 필요가 없습니다.

```
val printNumber: (Int) -> Unit = { i ->
    println(i)
}
```

```
val log: (String, String) -> Unit = { ctx, message ->
    println("[$ctx] $message")
}
val add: (String, String) -> String = { s1, s2 -> s1 + s2 }
val toName: (String) -> Name = { name -> Name(name) }
```

단일 매개변수의 암묵적 이름

람다 표현식이 '정확히 하나의 매개변수'를 받으면 이름 대신에 it 키워드를 사용해 참조할 수 있습니다. 그런데 it의 타입은 명시할 수 없으니 추론을 해야합니다. 이런 단점에도 불구하고 it은 여전히 아주 인기 있는 기능입니다.

```
val printNumber: (Int) -> Unit = { println(it) }
val toName: (String) -> Name = { Name(it) }

// 실제 프로젝트에서 가져온 예이며, 이용한 함수들은 나중에 설명하겠습니다.
val newsItemAdapters = news
    .filter { it.visible }
    .sortedByDescending { it.publishedAt }
    .map { it.toNewsItemAdapter() }
```

클로저

람다 표현식은 자신이 정의된 스코프 안의 변수를 사용하고 수정할 수 있습니다.

```
fun makeCounter(): () -> Int {
    var i = 0
    return { i++ }
}

fun main() {
    val counter1 = makeCounter()
    val counter2 = makeCounter()

    println(counter1())  // 0
    println(counter1())  // 1
    println(counter2())  // 0
    println(counter1())  // 2
```

```
    println(counter1())  // 3
    println(counter2())  // 1
}
```

한편 지역 변수 i를 참조하는 이 코드의 람다 표현식처럼 자신의 스코프 바깥에서 정의된 객체를 참조하는 람다 표현식을 클로저(closure)라고 합니다.

람다 표현식과 익명 함수 비교

람다 표현식을 익명 함수와 비교해 봅시다. 둘 모두 함수를 나타내는 객체가 만들어지는 구조인 '함수 리터럴'입니다. 내부적으로 둘의 효율성은 똑같습니다. 그렇다면 어떤 경우에 어느 것을 선택해야 할까요? 다음 예에서 두 방식으로 정의된 processor 변수를 비교해 봅시다.

```
// 람다 표현식
val processor = label@{ data: String ->
    if (data.isEmpty()) {
        return@label null
    }

    data.uppercase()
}

// 익명 함수
val processor = fun(data: String): String? {
    if (data.isEmpty()) {
        return null
    }

    return data.uppercase()
}
```

람다 표현식은 짧지만 덜 명시적입니다. 람다 표현식에서는 명시적인 return 키워드 없이 마지막 표현식이 반환됩니다. return을 쓰려면 레이블이 필요합니다.

익명 함수는 길지만 함수를 정의했다는 것이 명확합니다. 명시적인 return을 사용하고 결과 타입을 지정해야 합니다.

람다 표현식은 주로 단일 표현식 함수로 설계되었으므로 여러 문장으로 구성된 함수는 익명 함수를 사용하라고 권합니다. 람다 표현식은 개발자들이 곳곳에서 사용하고 있는 반면, 익명 함수의 존재는 요즘 거의 잊혀진 상태입니다.

람다 표현식이 인기 있는 이유는 후행 람다, 단일 매개변수의 암묵적 이름, 비지역 반환(non-local return, 뒤에서 설명)과 같은 특징을 가지고 있기 때문입니다. 그래서 저는 익명 함수의 존재를 잊고 항상 람다 표현식을 사용하는 것을 충분히 이해합니다. 많은 개발자가 이미 람다 표현식만 사용하고 있습니다.

하지만 이 주제를 끝내기 전에 함수를 표현하는 객체를 만드는 또 다른 방법을 소개해야 합니다. 이 방법은 더 짧은 데다 보기에도 좋고, 함수형 스타일에 걸맞기 때문에 람다 표현식의 강력한 경쟁자가 될 것입니다. 다음 장에서는 그 주인공인 함수 참조에 대해 이야기해 보겠습니다.

연습문제: 함수 타입과 리터럴 1

다음은 add, printNum, triple, produceName, longestOf 메서드를 구현한 클래스입니다.

```
class FunctionsClassic {
    fun add(num1: Int, num2: Int): Int = num1 + num2

    fun printNum(num: Int) {
        print(num)
    }

    fun triple(num: Int): Int = num * 3

    fun produceName(name: String): Name = Name(name)

    fun longestOf(
        str1: String,
        str2: String,
        str3: String,
    ): String =
        maxOf(str1, str2, str3, compareBy { it.length })
}

data class Name(val name: String)
```

이번 과제는 함수를 정의하는 대신 (기능은 비슷하지만) 함수 타입으로 프로퍼티를 정의한 클래스를 만드는 것입니다. 프로퍼티들은 FunctionsClassic 클래스의 함수들과 비슷해야 합니다. 예를 들어, add 함수는 타입이 (Int, Int) -> Int이며 이름이 add인 프로퍼티로 대신해야 합니다. 또한 프로퍼티의 동작은 FunctionsClassic의 함수와 동일해야 합니다.

다음에서 서술하는 클래스들을 구현하세요. 모두 함수형 프로퍼티를 가진 클래스들입니다.

- AnonymousFunctionalTypeSpecified: 명시적 함수 타입을 가진 프로퍼티를 정의하고 값은 익명 함수로 정의합니다. 익명 함수들의 매개변수 타입은 반드시 추론되어야 합니다.

- AnonumousFunctionalTypeInferred: 값을 정의할 때 사용할 익명 함수 정의로부터 함수 타입을 추론하여 프로퍼티를 정의해야 합니다. 익명 함수들의 매개변수 타입은 명시적으로 지정해야 합니다.

- LambdaFunctionalTypeSpecified: 명시적 함수 타입으로 프로퍼티를 정의하고 그 값들은 람다 표현식으로 정의합니다. 람다 표현식들의 매개변수 타입은 추론되어야 합니다. 이 클래스에서는 암묵적 매개변수 it을 사용해서는 안 됩니다.

- LambdaFunctionalTypeInferred: 값을 정의할 때 사용한 람다 표현식 정의로부터 함수형 타입을 추론하여 프로퍼티를 정의합니다. 람다 표현식들의 매개변수 타입을 명시적으로 지정해야 합니다.

- LambdaUsingImplicitParameter: LambdaFunctionalTypeSpecified처럼 명시적 함수 타입으로 프로퍼티를 정의하고 그 값들은 람다 표현식으로 정의합니다. 단, 암묵적 매개변수가 가능한 경우에 반드시 암묵적 매개변수를 사용해야 합니다.

연습문제 깃허브 저장소의 functional/base/Functional.kt 파일에서 시작 코드와 단위 테스트를 확인할 수 있습니다. 프로젝트를 로컬 환경으로 클론하여 문제를 풀어 보세요.

정답은 책 뒤편의 '연습문제 해답'에서 확인할 수 있습니다.

5장

F u n c t i o n a l   K o t l i n

함수 참조

객체로 사용할 수 있는 함수가 필요하다면 람다 표현식으로 새로운 객체를 생성할 수도 있지만, 기존의 함수를 참조할 수도 있습니다. 함수를 참조하는 방법이 보통 더 짧고 편리합니다. 이번 장에서는 다양한 함수 참조를 소개하고, 실무에서 어떻게 활용할 수 있는지 보여드리겠습니다.

다음은 이번 장의 예시 코드들에서 참조할 함수들입니다. 즉, 이번 장에서 사용할 기본 함수들입니다.

```kotlin
data class Complex(val real: Double, val imaginary: Double) {
    fun doubled(): Complex =
        Complex(this.real * 2, this.imaginary * 2)
    fun times(num: Int) =
        Complex(real * num, imaginary * num)
}

fun zeroComplex(): Complex = Complex(0.0, 0.0)

fun makeComplex(
    real: Double = 0.0,
    imaginary: Double = 0.0
) = Complex(real, imaginary)

fun Complex.plus(other: Complex): Complex =
    Complex(real + other.real, imaginary + other.imaginary)
fun Int.toComplex() = Complex(this.toDouble(), 0.0)
```

최상위 함수 참조

최상위(top-level) 함수[1]는 ::와 함수 이름을 사용해 참조합니다. 함수 참조는 코틀린 리플렉션 API의 일부이며 인트로스펙션을 지원합니다.[2] 프로젝트에 kotlin-reflect 의존성을 추가하면, 함수 참조를 이용하여 참조된 함수에 open 제어자가 붙어 있는지, 어떤 애너테이션들이 달려 있는지 등의 정보를 확인할 수 있습니다.[3]

```
fun add(a: Int, b: Int) = a + b

fun main() {
    val f = ::add          // 함수 참조
    println(f.isOpen)      // false
    println(f.visibility)  // PUBLIC
    // `kotlin-reflect` 의존성을 추가해야 동작합니다.
}
```

하지만 함수 참조는 함수 타입을 구현하며 함수 리터럴로 사용될 수도 있습니다. 함수 참조를 이렇게 사용하는 건 '실제' 리플렉션이 아닙니다. 그래서 람다 표현식과 비교하여 성능 부하도 없습니다.[4]

```
fun add(a: Int, b: Int) = a + b

fun main() {
    val f: (Int, Int) -> Int = ::add
    // 다음 코드를 대체한 것입니다.
    // val f: (Int, Int) -> Int = { a, b -> add(a, b) }
    println(f(10, 20))  // 30
}
```

add는 Int 타입 매개변수 두 개를 받고 결과 타입이 Int인 함수입니다. 따라서 참조 타입은 (Int, Int) -> Int가 됩니다.

---

1 최상위 함수는 클래스 바깥, 즉 파일 수준에서 정의된 함수입니다.
2 (옮긴이) 리플렉션(reflection)은 실행 시간에 객체의 메타 데이터에 접근하여 원래라면 접근할 수 없는 타입 정보, 프로퍼티, 멤버 함수 등을 수정하는 행위를 말합니다. 인트로스펙션(introspection)은 리플렉션의 일부이며, 실행 시간에 메타 데이터를 읽는 기능을 말합니다.
3 리플렉션에 대한 자세한 설명은 《코틀린 아카데미: 고급편》의 8장 '리플렉션'을 참고하세요.
4 부하가 없으려면 함수 참조를 즉시 함수 타입으로 지정해야 합니다.

기본 함수로 돌아가 봅시다. zeroComplex와 makeComplex의 함수 타입은 무엇일까요?

함수 타입은 매개변수와 결과 타입을 명시합니다. zeroComplex 함수는 매개변수가 없고 결과 타입은 Complex이므로, 함수 참조의 함수 타입은 () -> Complex가 됩니다. makeComplex 함수는 Double 타입의 매개변수 두 개를 받으며 결과 타입은 Complex이므로, 함수 참조의 함수 타입은 (Double, Double) -> Complex입니다.

```kotlin
fun zeroComplex(): Complex = Complex(0.0, 0.0)

fun makeComplex(
    real: Double = 0.0,
    imaginary: Double = 0.0
) = Complex(real, imaginary)

data class Complex(val real: Double, val imaginary: Double)

fun main() {
    val f1: () -> Complex = ::zeroComplex
    println(f1())           // Complex(real=0.0, imaginary=0.0)

    val f2: (Double, Double) -> Complex = ::makeComplex
    println(f2(1.0, 2.0))  // Complex(real=1.0, imaginary=2.0)
}
```

makeComplex 함수는 매개변수들에 디폴트 인수가 있으니 (Double) -> Complex와 () -> Complex를 모두 구현합니다. 코틀린 1.4부터 이 방식을 제한적으로 지원하기 시작했지만, 여전히 참조를 인수로 사용해야 합니다.

```kotlin
fun produceComplex1(producer: ()->Complex) {}
produceComplex1(::makeComplex)
fun produceComplex2(producer: (Double)->Complex) {}
produceComplex2(::makeComplex)
```

메서드 참조

메서드(멤버 함수)를 참조하려면 리시버의 타입부터 명시한 다음 ::와 메서드 이름을 적어야 합니다. 모든 메서드는 함수가 호출되어야 할 객체인 리시버

(receiver)가 필요합니다. 함수 참조는 첫 번째 매개변수로 리시버를 받습니다. 다음 예를 봅시다.

```kotlin
data class Number(val num: Int) {
    fun toFloat(): Float = num.toFloat()
    fun times(n: Int): Number = Number(num * n)
}

fun main() {
    val numberObject = Number(10)

    // 메서드(멤버 함수) 참조
    val float: (Number) -> Float = Number::toFloat
    // `toFloat`에는 매개변수가 없지만,
    // 그 함수 타입에는 `Number` 타입의 리시버가 필요합니다.
    println(float(numberObject))        // 10.0

    val multiply: (Number, Int) -> Number = Number::times
    println(multiply(numberObject, 4))  // Number(num = 40.0)
    // `times`에는 매개변수가 `Int` 타입 하나뿐이지만,
    // 그 함수 타입에는 Number 타입의 리시버가 필요합니다.
}
```

toFloat 함수는 명시적인 매개변수가 없지만 함수 참조에는 Number 타입의 리시버가 필요합니다. times 함수는 타입이 Int인 매개변수 하나만 받지만, 함수 참조에는 역시 리시버를 받기 위한 또 다른 매개변수가 필요합니다.

1장에서 소개한 sum과 product 함수를 기억하나요? 1장에서는 람다 표현식으로 구현했지만, 다음처럼 메서드 참조를 사용할 수도 있습니다.

```kotlin
fun sum(a: Int, b: Int) =
    (a..b).fold(0, Int::plus)
fun product(a: Int, b: Int) =
    (a..b).fold(1, Int::times)
```

다시 이번 장의 기본 함수로 돌아와서, Complex::doubled와 Complex::times의 함수 타입이 무엇인지 추측해 보세요.

dobuled는 매개변수를 받지 않고, 리시버 타입은 Complex이며, 결과 타입도 Complex입니다. 따라서 함수 참조의 타입은 (Complex) -> Complex가 됩니다. times는 매개변수 타입이 Int이며, 리시버 타입과 결과 타입은 Complex입니다.

따라서 함수 참조의 타입은 (Complex, Int) -> Complex가 됩니다.

```kotlin
data class Complex(val real: Double, val imaginary: Double) {
    fun doubled(): Complex =
        Complex(this.real * 2, this.imaginary * 2)
    fun times(num: Int) =
        Complex(real * num, imaginary * num)
}

fun main() {
    val c1 = Complex(1.0, 2.0)

    val f1: (Complex) -> Complex = Complex::doubled
    println(f1(c1))      // Complex(real=2.0, imaginary=4.0)

    val f2: (Complex, Int) -> Complex = Complex::times
    println(f2(c1, 4))  // Complex(real=4.0, imaginary=8.0)
}
```

확장 함수 참조

확장 함수도 멤버 함수와 같은 방법으로 참조할 수 있습니다. 함수 타입 또한
비슷합니다.

```kotlin
data class Number(val num: Int)

fun Number.toFloat(): Float = num.toFloat()
fun Number.times(n: Int): Number = Number(num * n)

fun main() {
    val num = Number(10)
    // 확장 함수 참조
    val float: (Number) -> Float = Number::toFloat
    println(float(num))        // 10.0
    val multiply: (Number, Int) -> Number = Number::times
    println(multiply(num, 4))  // Number(num = 40.0)
}
```

이번 장의 기본 함수인 Complex::plus와 Int::toComplex의 함수 타입을 추측해
보세요.

plus는 매개변수 타입이 Complex이며, 리시버와 결과 타입은 모두 Complex

입니다. 따라서 함수 참조의 타입은 (Complex, Complex) -> Complex입니다. toComplex는 매개변수가 없으며, 리시버의 타입은 Int이고, 결과 타입은 Complex 입니다. 따라서 함수 참조의 함수 타입은 (Int) -> Complex입니다.

```kotlin
data class Complex(val real: Double, val imaginary: Double)

fun Complex.plus(other: Complex): Complex =
    Complex(real + other.real, imaginary + other.imaginary)

fun Int.toComplex() = Complex(this.toDouble(), 0.0)

fun main() {
    val c1 = Complex(1.0, 2.0)
    val c2 = Complex(4.0, 5.0)

    // 확장 함수 참조
    val f1: (Complex, Complex) -> Complex = Complex::plus
    println(f1(c1, c2))  // Complex(real=5.0, imaginary=7.0)
    val f2: (Complex, Int) -> Complex = Complex::times
    println(f2(c1, 4))   // Complex(real=4.0, imaginary=8.0)
}
```

메서드 참조와 제네릭 타입

메서드를 참조할 때는 프로퍼티가 아닌 타입을 사용합니다. 따라서 List<Int> 타입의 확장 함수인 sum을 참조하려면 List<Int>::sum을 사용해야 합니다. String? 타입의 확장 프로퍼티인 isNullOrBlank를 참조하려면 String?:: isNullOrBlank를 사용합니다.[5]

```kotlin
class TeamPoints(val points: List<Int>) {
    fun <T> calculatePoints(operation: (List<Int>) -> T): T =
        operation(points)
}

fun main() {
    val teamPoints = TeamPoints(listOf(1, 3, 5))

    val sum = teamPoints.calculatePoints(List<Int>::sum)
```

5 String이 String?의 서브타입이기 때문에 String::isNullOrBlank도 가능합니다. 하지만 함수 타입이 (String) -> Boolean이라 null이 허용되지 않기 때문에 String::isBlank처럼 작동하므로 String::isNullOrBlank로 쓰는 건 무의미합니다.

```
    println(sum)  // 9

    val avg = teamPoints.calculatePoints(List<Int>::average)
    println(avg)  // 3.0

    val invalid = String?::isNullOrBlank
    println(invalid(null))   // true
    println(invalid(" "))    // true
    println(invalid("AAA"))  // false
}
```

제네릭 클래스의 메서드를 참조하려면 타입 인수를 명시해야 합니다. 다음 예에서 unbox 메서드를 참조하려면 Box<String>::unbox가 되어야 합니다(Box::unbox는 허용되지 않습니다).

```
class Box<T>(private val value: T) {
    fun unbox(): T = value
}

fun main() {
    val unbox = Box<String>::unbox
    val box = Box("AAA")
    println(unbox(box))  // AAA
}
```

한정된 함수 참조

타입의 메서드를 참조하는 대신, 특정 객체의 메서드를 참조하는 방법도 있습니다. 객체 메서드 참조를 한정된 함수 참조(bounded function reference)라고 합니다.

```
data class Number(val num: Int) {
    fun toFloat(): Float = num.toFloat()
    fun times(n: Int): Number = Number(num * n)
}

fun main() {
    val num = Number(10)

    // 한정된 함수 참조
    val getNumAsFloat: () -> Float = num::toFloat
    // 객체에 한정하여 참조하기 때문에 함수 타입에 리시버 타입이 필요하지 않습니다.
    println(getNumAsFloat())  // 10.0
```

```
    val multiplyNum: (Int) -> Number = num::times
    println(multiplyNum(4))    // Number(num = 40.0)
}
```

이 코드에서 num::toFloat의 함수 타입은 () -> Float입니다. 앞에서 Number::
toFloat의 함수 타입은 (Number) -> Float라고 했습니다. 이처럼 일반 함수 참
조라면 첫 번째로 인수로 리시버 타입을 받습니다. 하지만 한정된 함수 참조에
서는 변수 자체가 리시버 객체를 가리키는 참조이므로 리시버를 따로 명시하
지 않습니다.

다시 기본 함수로 돌아와서, 이번에는 doubled, times, plus, toComplex의 한정
된 함수 참조 타입을 추측해 보세요. 답은 다음 코드에서 확인할 수 있습니다.

```
data class Complex(val real: Double, val imaginary: Double) {
    fun doubled(): Complex =
        Complex(this.real * 2, this.imaginary * 2)
    fun times(num: Int) =
        Complex(real * num, imaginary * num)
}

fun Complex.plus(other: Complex): Complex =
    Complex(real + other.real, imaginary + other.imaginary)
fun Int.toComplex() = Complex(this.toDouble(), 0.0)

fun main() {
    val c1 = Complex(1.0, 2.0)
    val f1: () -> Complex = c1::doubled
    println(f1())     // Complex(real=2.0, imaginary=4.0)

    val f2: (Int) -> Complex = c1::times
    println(f2(17)) // Complex(real=17.0, imaginary=34.0)

    val f3: (Complex) -> Complex = c1::plus
    println(f3(Complex(12.0, 13.0)))
    // Complex(real=13.0, imaginary=15.0)

    val f4: () -> Complex = 42::toComplex
    println(f4())     // Complex(real=42.0, imaginary=0.0)
}
```

한정된 함수 참조는 객체 표현식과 객체 선언에서도 사용할 수 있습니다.[6]

```kotlin
object SuperUser {
    fun getId() = 0
}

fun main() {
    val myId = SuperUser::getId
    println(myId())  // 0

    val obj = object {
        fun cheer() {
            println("Hello")
        }
    }
    val f = obj::cheer
    f()  // Hello
}
```

다양한 이벤트를 처리하는 핸들러를 설정해야 하는 RxJava나 Reactor 같은 라이브러리를 사용할 때 한정된 함수 참조가 특히 유용합니다. 람다 표현식으로도 작고 간단한 핸들러를 정의할 수 있습니다. 하지만 더 크고 복잡한 핸들러의 경우에는 멤버 함수로 추출한 뒤 한정된 함수 참조로 핸들러를 지정하는 것이 좋습니다.

```kotlin
class MainPresenter(
    private val view: MainView,
    private val repository: MarvelRepository
) : BasePresenter() {

    fun onViewCreated() {
        subscriptions += repository.getAllCharacters()
            .applySchedulers()
            .subscribeBy(
                onSuccess = this::show,
                onError = view::showError
            )
    }

    fun show(items: List<MarvelCharacter>) {
```

---

6   객체 표현식과 객체 선언에 대해서는 《코틀린 아카데미: 핵심편》의 12장 '객체'에서 자세히 설명합니다.

```
        // ...
        view.show(items)
    }
}
```

이 경우 한정된 함수 참조가 정말 편리합니다. 핸들러는 MainPresenter가 가지고 있는 프로퍼티에 접근할 수 있는 권한이 필요한데 getAllCharacters는 이런 사실에 대해 알아서는 안 되기 때문입니다.

한정된 함수 참조의 리시버는 무조건 this이므로, 생략하면 암묵적으로 this가 사용됩니다. 따라서 this::show를 ::show로 대체할 수 있습니다.

생성자 참조

코틀린에서는 생성자 역시 함수로 취급합니다. 생성자도 다른 모든 함수와 같은 방식으로 호출하고 참조합니다. 따라서 Complex 클래스의 생성자를 참조하려면 ::Complex라고 작성하면 됩니다. 생성자 참조의 매개변수는 참조하는 생성자와 같으며, 결과 타입은 생성자가 정의된 클래스가 됩니다.

```
data class Complex(val real: Double, val imaginary: Double)

fun main() {
    // 생성자 참조
    val produce: (Double, Double) -> Complex = ::Complex
    println(produce(1.0, 2.0))
    // Complex(real=1.0, imaginary=2.0)
}
```

생성자를 사용하여 한 타입의 원소들을 다른 타입으로 매핑할 때 생성자 참조가 유용합니다. 특히 래퍼 클래스(wrapper class)로 매핑할 때 매우 좋습니다. 하지만 부 생성자 대신에 (변환 함수 같은) 팩토리 함수를 권장하기 때문에 생성자로 매핑하는 방법을 남발하는 것은 그다지 좋지 않습니다.[7]

```
class StudentId(val value: Int)
class UserId(val value: Int) {
```

---

7 《Effective Kotlin 2/E》의 '아이템 32: 생성자 대신 팩토리 함수를 사용하라(Consider factory functions instead of secondary constructors)'를 참고하세요.

```
    constructor(studentId: StudentId) : this(studentId.value)
}

fun main() {
    val ints: List<Int> = listOf(1, 1, 2, 3, 5, 8)
    val studentIds: List<StudentId> = ints.map(::StudentId)
    val userIds: List<UserId> = studentIds.map(::UserId)
}
```

한정된 객체 선언 참조

한정된 함수 참조가 도입된 계기는 객체 선언(object declaration)의 메서드를 간단하게 참조하기 위함이었습니다.[8] 모든 객체 선언은 싱글턴이며, 객체 이름이 싱글턴 객체를 참조하는 유일한 방법입니다. 한정된 함수 참조 덕분에 객체 이름, 두 개의 콜론(::), 메서드 이름을 사용해 객체 선언의 메서드들을 참조할 수 있습니다.

```
object Robot {
    fun moveForward() {
        /*...*/
    }

    fun moveBackward() {
        /*...*/
    }
}

fun main() {
    Robot.moveForward()
    Robot.moveBackward()
    val action1: () -> Unit = Robot::moveForward
    val action2: () -> Unit = Robot::moveBackward
}
```

컴패니언 객체 또한 객체 선언의 한 형태입니다. 하지만 컴패니언 객체에 정의된 메서드는 클래스 이름만으로는 참조할 수 없습니다. 컴패니언 객체에 기본적으로 부여된 실제 이름인 Companion을 사용해야 합니다.

---

8 자세한 소개는 KEEP(*https://kt.academy/l/keep-bound-ref*)을 참고하세요.

```
class Drone {
    fun setOff() {}
    fun land() {}

    companion object {
        fun makeDrone(): Drone = Drone()
    }
}

fun main() {
    val maker: () -> Drone = Drone.Companion::makeDrone
}
```

함수 오버로딩과 참조

코틀린은 이름이 같은 함수 여러 개를 정의할 수 있는 함수 오버로딩을 허용합니다. 실제로 받은 인수들의 타입에 기초해 코틀린 컴파일러가 어떤 함수를 호출할지 결정합니다.

```
fun foo(i: Int) = 1
fun foo(str: String) = "AAA"

fun main() {
    println(foo(123))  // 1
    println(foo(""))   // AAA
}
```

함수 참조를 사용할 때도 같은 원리가 적용됩니다. 컴파일러는 기대되는 타입을 기준으로 어떤 함수를 선택할지 결정합니다. 앞의 예시 코드에서는 타입을 지정하지 않으면 어떤 함수를 선택할지 모호해집니다. 그래서 컴파일되지 않습니다.

```
fun foo(i: Int) = 1
fun foo(str: String) = "AAA"

fun main() {
    val f = ::foo
}
```
Overload resolution ambiguity. All these functions match.

- **public fun** foo(i: Int): Int *defined in* root package *in file* Playground.kt
- **public fun** foo(str: String): String *defined in* root package *in file* Playground.kt

No documentation found.

타입을 지정하여 모호함을 없애면 모든 문제가 해소되어 호출할 함수를 결정할 수 있게 됩니다.

```
fun foo(i: Int) = 1
fun foo(str: String) = "AAA"

fun main() {
    val fooInt: (Int) -> Int = ::foo
    println(fooInt(123))  // 1
    val fooStr: (String) -> String = ::foo
    println(fooStr(""))   // AAA
}
```

생성자가 여러 개일 때도 마찬가지입니다.

```
class StudentId(val value: Int)
data class UserId(val value: Int) {
    constructor(studentId: StudentId) : this(studentId.value)
}

fun main() {
    val intToUserId: (Int) -> UserId = ::UserId
    println(intToUserId(1))  // UserId(value=1)

    val studentId = StudentId(2)
    val studentIdToUserId: (StudentId) -> UserId = ::UserId
    println(studentIdToUserId(studentId))  // UserId(value=2)
}
```

프로퍼티 참조

프로퍼티는 '게터' 또는 '게터와 세터'로도 생각할 수 있습니다. 따라서 프로퍼티 참조는 게터 함수 타입을 구현한 것으로 볼 수 있습니다.

```
data class Complex(val real: Double, val imaginary: Double)

fun main() {
    val c1 = Complex(1.0, 2.0)
    val c2 = Complex(3.0, 4.0)

    // 프로퍼티 참조
    val getter: (Complex) -> Double = Complex::real
```

```
        println(getter(c1))  // 1.0
        println(getter(c2))  // 3.0

        // 한정된 프로퍼티 참조
        val c1ImgGetter: () -> Double = c1::imaginary
        println(c1ImgGetter())  // 2.0
}
```

var로 선언된 프로퍼티는 프로퍼티 참조의 setter 프로퍼티를 이용해 세터 함수를 참조할 수 있습니다(kotlin-reflect 의존성 필요). 리플렉션을 사용하면 코드 성능에 영향을 줄 수 있으므로 세터 함수 참조는 지양해야 합니다.

참조의 종류는 다양합니다. 어떤 개발자는 참조를 사용하는 걸 좋아하지만, 그렇지 않은 개발자도 있습니다. 어찌 되었든, 함수 참조의 형태와 동작 방식은 이해해 두는 게 좋습니다. 함수 참조는 함수형 프로그래밍의 개념이 폭넓게 사용되는 애플리케이션에서 깔끔한 코드를 구현할 수 있게 해 주므로, 사용법을 익히고 연습해 두는 건 충분히 가치 있는 일입니다.

연습문제: 추론된 함수 타입

다음 코드를 봅시다.

```
class Centimeter(val value: Double) {
    fun plus(other: Centimeter): Centimeter =
        Centimeter(value + other.value)

    fun times(other: Double): Centimeter =
        Centimeter(value * other)

    override fun toString(): String = "$value cm"
}

val Int.cm get() = Centimeter(this.toDouble())

fun distance(from: Centimeter, to: Centimeter): Centimeter =
    Centimeter(abs(to.value - from.value))
```

다음 함수 참조에서 함수 타입이 무엇일지 예측해 보세요.

- Centimeter::plus
- Centimeter::times
- Centimeter::value
- Centimeter::toString
- Centimeter(1.0)::plus
- Centimeter(2.0)::times
- Centimeter(3.0)::value
- Centimeter(4.0)::toString
- Int::cm
- 123::cm
- ::distance

정답은 책 뒤편의 '연습문제 해답'에서 확인할 수 있습니다.

연습문제: 함수 타입과 리터럴 2

이번 과제는 4장의 연습문제인 '함수 타입과 리터럴'의 연장선입니다. 다음 클래스들을 구현해 보세요.

- FunctionReference: 명시적인 함수 타입으로 printNum, triple, produceName 프로퍼티를 정의하고, 코틀린 표준 라이브러리 또는 Name 클래스의 함수를 참조해 값을 정의합니다.
- FunctionMemberReference: 명시적인 함수 타입으로 printNum, triple, produce Name, longestOf 프로퍼티를 정의하고, 구현체에 있는 메서드 참조를 이용해 값을 정의합니다.
- BoundedFunctionReference: 명시적인 함수 타입으로 printNum, triple, produce Name, longestOf 프로퍼티를 정의하고, classic 객체 메서드 참조로 값을 정의합니다.

시작 코드는 다음과 같습니다.

```kotlin
class FunctionReference {
    val add: (Int, Int) -> Int = Int::plus
    // TODO: 프로퍼티를 여기에 정의하세요.
}

class FunctionMemberReference {
    val add: (Int, Int) -> Int = this::add
    // TODO: 프로퍼티를 여기에 정의하세요.

    private fun add(num1: Int, num2: Int): Int = num1 + num2

    private fun printNum(num: Int) {
        print(num)
    }

    private fun triple(num: Int): Int = num * 3

    private fun produceName(name: String): Name = Name(name)

    private fun longestOf(
        str1: String,
        str2: String,
        str3: String
    ): String =
        maxOf(str1, str2, str3, compareBy { it.length })
}

class BoundedFunctionReference {
    private val classic = FunctionsClassic()
    val add: (Int, Int) -> Int = classic::add
    // TODO: 프로퍼티를 여기에 정의하세요.
}
```

연습문제 깃허브 저장소의 functional/base/Functional.kt 파일에서 시작 코드와 단위 테스트를 확인할 수 있습니다. 프로젝트를 로컬 환경으로 클론하여 문제를 풀어 보세요.

정답은 책 뒤편의 '연습문제 해답'에서 확인할 수 있습니다.

6장

코틀린에서
SAM 인터페이스 지원

함수 타입을 지원하지 않는 언어도 많습니다. 이런 언어에서는 함수 타입 대신 메서드 하나짜리 인터페이스를 주로 사용합니다. 이러한 인터페이스를 SAM(Single-Abstract Method, 단일 추상 메서드) 인터페이스라고 합니다. 다음의 SAM 인터페이스는 뷰를 클릭했을 때 수행할 동작을 명시한 객체를 나타내기 위해 사용했습니다.

```kotlin
interface OnClick {
    fun onClick(view: View)
}
```

SAM 인터페이스를 받는 함수를 호출하려면 해당 인터페이스를 구현한 객체를 넘겨 줘야 합니다.

```kotlin
fun setOnClickListener(listener: OnClick) {
    // ...
}

setOnClickListener(object : OnClick {
    override fun onClick(view: View) {
        // ...
    }
})
```

코틀린에서 자바 SAM 인터페이스 지원

코틀린에서는 SAM 인터페이스 대신 함수 타입을 선호합니다. 개념적으로 잘 들어맞으며 더 편리하기 때문입니다. 함수 타입을 구현한 객체는 람다 표현식, 익명 함수, 함수 참조 등으로 만들 수 있습니다. 문제는 자바 같은 언어와 상호 운용할 때입니다.

자바에는 코틀린의 함수 타입과 들어맞는 개념이 없으므로, 자바 라이브러리는 SAM 인터페이스를 활용합니다. 코틀린은 여전히 자바 라이브러리에 강하게 의존하고 있기 때문에, SAM 인터페이스 또한 코틀린/JVM에서 아주 중요합니다. 라이브러리에서 리스너, 와처, 옵저버 등의 용도로 SAM을 요구할 때마다 일일이 객체를 만드는 건 정말 불편합니다. 이러한 문제를 해결하기 위해 코틀린은 자바 SAM 인터페이스를 특별하게 취급합니다.

- 인수로 자바 SAM 인터페이스를 받아야 한다면, 대응하는 함수 타입을 대신 사용할 수 있습니다.
- 자바 SAM 인터페이스는 람다 표현식으로 만들 수 있는 가짜 생성자를 가지고 있습니다.

다음 코드를 봅시다. setOnSwipeListener 함수는 OnSwipeListener 타입 객체를 받는데 이 OnSwipeListener가 바로 SAM 인터페이스입니다. 자바에서라면 이 인터페이스를 구현한 클래스의 인스턴스를 만들어 인수로 건네야 합니다. 하지만 코틀린에서는 람다 표현식을 대신 넘겨줄 수 있습니다. 가짜 생성자로 OnSwipeListener를 구현한 객체를 만들 수도 있습니다. 가짜 생성자는 SAM 인터페이스의 이름 뒤에 람다 표현식을 덧붙이는 형태입니다.

```java
// OnSwipeListener.java
public interface OnSwipeListener {
    void onSwipe();
}

// ListAdapter.java
public class ListAdapter {

    public void setOnSwipeListener(OnSwipeListener listener) {
```

```
        // ...
    }
}

// 코틀린
val adapter = ListAdapter()
adapter.setOnSwipeListener { /*...*/ }

val listener = OnSwipeListener { /*...*/ }      // 가짜 생성자로 객체 생성
adapter.setOnSwipeListener(listener)            // 객체
adapter.setOnSwipeListener(fun() { /*...*/ })   // 익명 함수
adapter.setOnSwipeListener(::someFunction)      // 함수 참조
```

 이 방식은 자바에서 정의된 SAM 인터페이스에서만 동작합니다. 코틀린에서 정의된 SAM 인터페이스에서는 작동하지 않습니다.

이처럼 자바의 SAM 인터페이스를 특별하게 취급한 덕분에 코틀린에서 자바 라이브러리를 이용하기가 한결 편리해졌습니다. 하지만 그 반대는 아닙니다. 코틀린 라이브러리를 자바에서 쉽게 이용하려면 함수형 인터페이스를 지원해야 합니다.

함수형 인터페이스

자바에서 코틀린 함수 타입을 만드는 건 문제가 있습니다. 내부적으로 코틀린 함수 타입은 FunctionN 인터페이스로 변환됩니다(N은 매개변수 개수입니다). 그런데 인터페이스가 결과 타입을 Unit으로 선언하면 자바로 변환된 함수에서도 Unit을 명시적으로 반환하게 되어 매우 짜증 나는 코드가 되어 버립니다.

```
// 코틀린
fun setOnClickListener(listener: (Action) -> Unit) {
    // ...
}

// 버전 7까지의 자바
setOnClickListener(new Function1<Action, Unit>() {
    @Override
    public Unit invoke(Action action) {
```

```
        // 액션 처리
        return Unit.INSTANCE;
    }
});

// 버전 8부터의 자바
setOnClickListener(action -> {
    // 액션 처리
    return Unit.INSTANCE;
});
```

게다가 코틀린에서 invoke 메서드는 범용적으로 사용되어 암묵적으로 호출되는 경우가 많지만, 자바에서는 자연스럽지 않은 경우가 있습니다. 예를 들어, 아래 코드의 리스너에서는 onClick이 더 어울리는 이름입니다.

```
Function1<Action, Unit> listener = action -> {
    // 액션 처리
    return Unit.INSTANCE;
};
listener.invoke(new Action());
```

이 문제를 해결하기 위해 코틀린은 **함수형 인터페이스**를 도입했습니다. 정의하는 법은 일반적인 인터페이스와 같지만 fun 제어자가 추가로 붙으며, 추상 메서드는 하나만 가지고 있어야 합니다.

```
fun interface OnClick {
    fun onClick(view: View)
}
```

일반적인 인터페이스처럼 사용할 수 있기 때문에 자바에서 사용하기에도 자연스럽고, 코틀린에서는 함수형 타입을 함수형 인터페이스로 자동 변환해 주므로 불편함이 없습니다.

```
fun setOnClickListener(listener: OnClick) {
    // ...
}

// 코틀린에서 사용
setOnClickListener { /*...*/ }
val listener = OnClick { /*...*/ }
```

```
setOnClickListener(listener)
setOnClickListener(fun(view) { /*...*/ })
setOnClickListener(::someFunction)
// ...

// 버전 7까지의 자바
setOnClickListener(new OnClick() {
    @Override
    public void onClick(@NotNull View view) {
        /*...*/
    }
});

// 버전 8부터의 자바
setOnClickListener(view -> {
    /*...*/
});
```

함수형 인터페이스는 다른 인터페이스를 구현할 수 있으며, '추상 함수가 아닌' 함수를 추가로 정의할 수 있습니다(추상 함수는 하나뿐이어야 합니다).

```
interface ElementListener<T> {
    fun invoke(element: T)
}

fun interface OnClick : ElementListener<View> {
    fun onClick(view: View)

    fun invoke(element: View) {
        onClick(element)
    }
}
```

결론적으로, 함수 타입보다 함수형 인터페이스가 더 적절한 주된 상황은 다음과 같습니다.

- 자바와의 상호 운용성
- 원시 타입의 최적화
- 함수임을 나타낼 뿐 아니라 구체적인 협약 조건까지 추가로 표현해야 하는 경우

함수형 인터페이스를 사용해야 할 타당한 이유가 없다면 평범한 함수 타입을
사용하는 게 좋습니다. 코틀린에서 함수의 형태를 표현하는 가장 기본적인 수
단이 함수 타입이기 때문입니다.

7장

F u n c t i o n a l   K o t l i n

인라인 함수

함수형 프로그래밍의 뿌리가 되는 발상인 '함수를 객체처럼 사용한다'라는 생각은 이미 수십 년 전에 등장했습니다. 실제로 1950년대 후반에 개발된 리스프 (LISP) 언어의 셀링 포인트(selling point)[1] 중 하나였습니다.

자바 커뮤니티에서도 함수형 프로그래밍을 지원해야 할지에 대한 논의는 초기부터 있었습니다. 반대하는 사람들은 함수를 객체처럼 사용하면 효율이 떨어진다는 점을 우려했습니다. 무슨 뜻인지 이해하기 쉽도록 예를 준비했습니다. 다음 코드에서 students가 규모가 큰 컬렉션이라고 가정합시다.

```kotlin
fun <T, R> Iterable<T>.fold(
    initial: R,
    operation: (acc: R, T) -> R
): R {
    var accumulator = initial
    for (element in this) {
        accumulator = operation(accumulator, element)
    }
    return accumulator
}
```

---

1 (옮긴이) 셀링 포인트란 사용 편의나 만족감 등 소비자의 구매 욕구를 일으키는 제품이나 서비스의 특징을 말합니다.

```kotlin
fun main() {
    val points = students.fold(0) { acc, s -> acc + s.points }
    println(points)
}
```

람다 표현식은 함수로 쓰일 수 있는 객체를 만듭니다. JVM에서는 클래스를 만들고, JS에서는 함수를 만드는 식입니다. 모든 함수는 실행 과정에서 오버헤드를 수반하게 됩니다. 앞의 코드를 보면, fold 내의 for 문에서 각각의 학생마다 람다식을 호출하고 다시 반복문이 실행됩니다. 함수 호출은 적은 비용이지만, 전체적으로 보면 어쨌든 비용이 증가하게 됩니다.

그래서 자바가 함수형 프로그래밍을 지원하지 않기를 바라는 개발자가 많았으며, 그 결과 개발자들은 코드를 다음과 같이 작성할 수밖에 없게 되었습니다. 함수 안팎을 오가지 않아서 (아주 약간) 더 효율적입니다.

```kotlin
fun main() {
    var points = 0
    for (student in students) {
        points += student.points
    }
    println(points)
}
```

실행 측면에서는 효율적이지만, 같은 알고리즘을 코드 이곳저곳에 반복 작성해야 해서 생산성 측면에서는 효과적이지 못합니다.

이러한 잘못된 이분법적 사고는 항상 있었습니다. 하지만 효율도 극대화하면서 함수를 인수로 넘겨 주는 편리함도 누릴 수 있는 방법이 있습니다. 인라인 함수를 사용하면 됩니다. 인라인 함수는 람다 표현식을 호출하는 비용을 없애 줍니다.

인라인 함수

inline 제어자가 붙은 함수는 다른 함수들과 다르게 '호출되지 않습니다.' 대신 컴파일할 때 함수 본문이 호출자 쪽에 복사되어 들어갑니다.

가장 간단한 예는 코틀린 표준 라이브러리의 print 함수입니다. 이 함수는

JVM에서는 System.out.print를 호출합니다. print는 인라인 함수입니다. 그래서 컴파일하면 print를 호출하는 코드는 모두 print의 본문 코드로 대체됩니다. 즉, print 호출이 System.out.print로 대체됩니다.

```kotlin
inline fun print(message: Any?) {
    System.out.print(message)
}

fun main() {
    print("A")
    print("B")
    print("C")
}

// 내부적으로는 다음과 같이 됩니다.
fun main() {
    System.out.print("A")
    System.out.print("B")
    System.out.print("C")
}
```

코틀린에서 인라인 함수를 호출하면 함수의 본문으로 대체됩니다. 이때 매개변수를 사용하는 코드는 관련한 인수 표현식으로 대체됩니다. 이 방식에는 몇 가지 이점이 있습니다.

1. 함수형 매개변수가 있는 함수는 인라인되면 더 효율적입니다.
2. 비지역(non-local) 반환이 허용됩니다.
3. 타입 인수가 구체화(reified)됩니다.

구체적으로 무슨 뜻인지 하나씩 살펴봅시다.

함수형 매개변수가 있는 인라인 함수

인라인 함수가 함수 타입의 매개변수를 받는다면 매개변수도 기본적으로 인라인됩니다. 예를 들어 함수형 매개변수를 람다 표현식으로 명시하면 컴파일 과정에서 매개변수를 호출하는 부분이 람다 표현식의 본문으로 대체됩니다. 그 예로, 다음의 repeat 함수 호출을 생각해 봅시다.

```
inline fun repeat(times: Int, action: (Int) -> Unit) {
    for (index in 0 until times) {
        action(index)
    }
}

fun main() {
    repeat(10) {
        print(it)
    }
}
```

먼저 repeat는 인라인 함수이므로 본문 코드로 대체됩니다. 또한 repeat에서 매개변수로 받은 람다 표현식의 본문 역시 사용되는 곳으로 모두 인라인됩니다. 그 결과 컴파일 후의 모습은 다음과 같은 형태가 됩니다.

```
fun main() {
    for (index in 0 until 10) {
        print(index)
    }
}
```

앞의 fold 예로 돌아와 봅시다. fold 함수를 inline으로 표시하기만 하면 성능 이점도 얻을 수 있고 함수를 인수로 사용하는 편리함도 누릴 수 있습니다.

```
inline fun <T, R> Iterable<T>.fold(
    initial: R,
    operation: (acc: R, T) -> R
): R {
    var accumulator = initial
    for (element in this) {
        accumulator = operation(accumulator, element)
    }
    return accumulator
}

fun main() {
    val points = students.fold(0) { acc, s -> acc + s.points }
    println(points)
}
```

```
// 내부적으로 다음과 같은 코드로 컴파일됩니다.
fun main() {
    var accumulator = 0
    for (element in students) {
        accumulator = accumulator + element.points
    }
    val points = accumulator
    println(points)
}
```

컴파일된 코드는 효율적일 뿐 아니라 생성된 객체의 수 또한 적습니다.

두 마리 토끼를 다 잡았습니다! 그래서 함수형 매개변수가 있는 최상위 함수를 인라인으로 만드는 것은 흔한 관행이 되었습니다. 다음은 또 다른 예입니다.

```
public inline fun <T, R> Iterable<T>.map(
    transform: (T) -> R
): List<R> {
    return mapTo(
        ArrayList<R>(collectionSizeOrDefault(10)),
        transform
    )
}

public inline fun <T> Iterable<T>.filter(
    predicate: (T) -> Boolean
): List<T> {
    return filterTo(ArrayList<T>(), predicate)
}
```

인라인 함수의 장점은 이것이 끝이 아닙니다. 인라인 함수를 호출할 때 사용되는 람다 표현식은 객체를 생성하지 않으므로, 인라인이 아닌 함수에는 없는 기능이 생겨납니다.

비지역 반환

이미 본 것처럼, 같은 연산을 특정 수만큼 반복해야 한다면 표준 라이브러리의 repeat 함수를 사용할 수 있습니다.

```
fun main() {
    repeat(7) {
        print("Na")
    }
    println(" Batman")
}
// NaNaNaNaNaNaNa Batman
```

repeat 함수 호출은 for 문이나 if 문과 같은 내장 제어 구조를 떠올리게 합니다.
프로그래밍 언어의 필수 구조와 흡사한 커스텀 구조를 만들어 낼 수 있다는 사
실이 놀랍습니다. 이 덕분에 repeat는 함수가 될 수 있고 언어의 문법이 될 필
요가 없습니다.

　람다 표현식은 제어 구조에는 없는 한계가 있습니다. 예를 들어 for 문 안에
서는 return을 사용하여 함수 실행을 곧장 반환시킬 수 있습니다.

```
fun main() {
    for (i in 0 until 10) {
        if (i == 4) return  // 메인 함수에서 반환
        print(i)
    }
}
// 0123
```

일반적인 람다 표현식에서는 함수의 본문이 다른 함수이기 때문에 이와 같은
동작이 불가능합니다(JVM에서는 람다 표현식에서 생성되는 클래스에 본문이
만들어집니다). 하지만 람다 표현식이 인라인된다면 이런 문제가 사라집니다.
따라서 인라인 함수인 repeat의 람다 표현식 안에서 return을 사용할 수 있습
니다. 이것을 비지역 반환(non-local return)이라 합니다.

```
fun main() {
    repeat(10) { index ->
        if (index == 4) return  // 메인 함수에서 반환
        print(index)
    }
}
// 0123
```

컴파일 과정에서 repeat가 인라인되기 때문에 람다 표현식 또한 복사되어 들어갑니다. 그 결과, 코드는 다음과 같이 컴파일됩니다.

```
fun main() {
    for (index in 0 until 10) {
        if (index == 4) return  // 메인 함수에서 반환
        print(index)
    }
}
// 0123
```

forEach, map, filter와 같은 컬렉션 처리 함수 또한 인라인이므로 비지역 반환을 지원합니다.

```
fun main() {
    (0 until 19).forEach { index ->
        if (index == 4) return  // 메인 함수에서 반환
        print(index)
    }
}
// 0123
```

crossinline과 noinline

때로는 함수를 인라인으로 지정하고 싶지만, 인수로 받은 함수 중 일부는 인라인할 수 없을 때도 있습니다. 이런 경우 인수로 받은 함수들에 다음 제어자를 추가해야 합니다.

- crossinline: 인라인은 되지만, 비지역 반환은 허용하지 않습니다. 인수로 받은 함수가 비지역 반환이 허용되지 않는 스코프(예: 인라인되지 않는 다른 람다 표현식)에서 실행될 때 사용합니다.
- noinline: 인수가 전혀 인라인이 되지 않습니다. 인라인이 아닌 다른 함수의 인수로 전달하는 경우 주로 사용합니다.

```
inline fun requestNewToken(
    hasToken: Boolean,
    crossinline onRefresh: () -> Unit,
```

```
        noinline onGenerate: () -> Unit
) {
    if (hasToken) {
        httpCall("get-token", onGenerate)
        // 인라인이 아닌 다른 함수의 인수로 넘겨 줄 때는
        // 반드시 noinline을 사용해야 합니다.
    } else {
        httpCall("refresh-token") {
            onRefresh()
            // 비지역 반환이 허용되지 않는 상황에서는
            // 인라인 함수에 crossline을 사용해야 합니다.
            onGenerate()
        }
    }
}

fun httpCall(url: String, callback: () -> Unit) {
    /*...*/
}
```

두 제어자의 정확한 의미를 이해해 두면 더욱 좋겠지만, 잘 모르더라도 코드를 짜는 데는 크게 불편하지 않을 것입니다. 필요한 경우엔 인텔리제이가 제안해 주기 때문입니다.

```
17    inline fun requestNewToken(
18        hasToken: Boolean,
19        onRefresh: ()->Unit,
20        onGenerate: ()->Unit
21    ) {
22        if (hasToken) {
23            httpCall("get-token", onGenerate)
24        } else {
25            httpCall("refresh-token") {
26                onRefresh()
                  onGenerate()
```

Can't inline 'onRefresh' here: it may contain non-local returns. Add 'crossinline' modifier to parameter declaration 'onRefresh'

구체화된 타입 매개변수

자바는 2004년에 출시된 버전 5부터 제네릭을 도입했습니다. 하지만 JVM 바이트코드에는 여전히 제네릭이란 개념이 존재하지 않습니다. 제네릭 타입 정보가 컴파일 과정에서 소거되기 때문입니다. 예를 들어 JVM에서 List<Int>는

List로 컴파일됩니다. 코틀린에서 객체가 List<Int>인지 확인할 수 없는 이유입니다. List인지만 확인할 수 있습니다(List<*>로 표현).

```
any is List<Int>  // 에러
any is List<*>    // 작동합니다.
```

```
          if(any is List<Int>) {
 Cannot check for instance of erased type: List<Int>
```

같은 이유로 타입 인수에 대해서는 작업을 수행할 수 없습니다.

```
fun <T> printTypeName() {
    print(T::class.simpleName)  // 에러
}

fun <T> isOfType(value: Any): Boolean =
    value is T  // 에러
```

함수를 인라인으로 만들고 타입 매개변수에 reified 제어자를 붙이면 타입에 대한 작업도 가능해집니다. 인라인 함수 호출은 함수 본문으로 교체되므로, 구체화된 타입 매개변수를 사용한 곳도 타입 인수[2]로 교체됩니다.

```
inline fun <reified T> printTypeName() {
    print(T::class.simpleName)
}

fun main() {
    printTypeName<Int>()     // Int
    printTypeName<Char>()    // Char
    printTypeName<String>()  // String
}
```

컴파일 과정에서 printTypeName 함수를 호출한 곳은 모두 printTypeName의 본문으로 교체되며, 구체화된 타입 매개변수 T는 타입 인수들(Int, Char, String)로 교체됩니다.

---

2 타입 매개변수는 타입의 저장소이기 때문에 주로 T, T1, T2, R과 같이 표기합니다. 타입 인수는 제네릭 함수를 호출할 때 실제 사용되는 타입입니다. printTypeName<Int>() 함수 호출에서 Int 타입은 타입 인수로 사용됩니다.

```
fun main() {
    print(Int::class.simpleName)     // Int
    print(Char::class.simpleName)    // Char
    print(String::class.simpleName)  // String
}
```

reified는 유용한 제어자입니다. 예를 들어, 표준 라이브러리의 `filterIs`
`Instance`에서는 특정 타입의 원소만 뽑아낼 때 사용합니다.

```
class Worker
class Manager

val employees: List<Any> =
    listOf(Worker(), Manager(), Worker())
val workers: List<Worker> =
    employees.filterIsInstance<Worker>()
```

reified 제어자는 많은 라이브러리에서 활용됩니다. 다음 코드는 Gson 라이브
러리를 이용하는 `fromJsonOrNull` 함수의 일반적인 구현 방법을 보여 줍니다.

```
inline fun <reified T : Any> String.fromJsonOrNull(): T? =
    try {
        gson.fromJson(this, T::class.java)
    } catch (e: JsonSyntaxException) {
        null
    }

// 사용법
val user: User? = userAsText.fromJsonOrNull()
```

다음은 Koin 라이브러리에서 구체화된 함수를 사용해 의존성 주입과 모듈 선
언을 간단하게 만든 예입니다.

```
// Koin 라이브러리에서의 모듈 선언
val myModule = module {
    single { Controller(get()) }  // get이 구체화됩니다.
    single { BusinessService() }
}

// Koin 라이브러리에서의 의존성 주입
val service: BusinessService by inject()  // inject가 구체화됩니다.
```

구체화된 매개변수는 정말 강력합니다. 제네릭 함수에서 타입 매개변수를 넘기거나 반환하는 과정을 정말 간단하게 만들 수 있으므로 특히 라이브러리 제작자라면 reified에 대해 잘 알고 있어야 합니다.

인라인 프로퍼티

접근자로 정의된 프로퍼티는 함수로 여겨집니다. 이러한 프로퍼티는 결국 함수로 컴파일됩니다.

```kotlin
val User.fullName: String
    get() = "$name $surname"

var User.birthday: Date
    get() = Date(birthdayMillis)
    set(value) {
        birthdayMillis = value.time
    }

// 내부적으로 다음 코드와 동일합니다.

fun getFullName(user: User) =
    "${user.name} ${user.surname}"

fun getBirthday(user: User) =
    Date(user.birthdayMillis)

fun setBirthday(user: User, value: Date) {
    user.birthdayMillis = value.time
}
```

따라서 이러한 프로퍼티에도 inline 제어자를 붙일 수 있습니다. 그러면 컴파일 과정에서 프로퍼티를 사용하는 곳이 모두 프로퍼티의 본문으로 교체됩니다.

```kotlin
class User(val name: String, val surname: String) {
    inline val fullName: String get() = "$name $surname"
}

fun main() {
    val user = User("A", "B")
```

```
    println(user.fullName)  // A B

    // 컴파일 과정에서 다음 코드로 바뀝니다.
    println("${user.name} ${user.surname}")
}
```

인라인 프로퍼티는 코드에 영향을 주는 경우가 드물기 때문에 자주 사용되지는 않습니다. 하지만 일부 라이브러리 개발자들은 저수준 성능 최적화 용도로 쓰기도 합니다.

inline 제어자의 비용

inline은 유용한 제어자이지만, 비용과 한계 때문에 아무 곳에나 사용하면 안 됩니다.

- 인라인 함수는 가시성이 제한된 원소를 사용할 수 없습니다.
- 인라인 함수는 재귀로 구현할 수 없습니다.
- 인라인 함수를 사용하면 코드 양이 많아집니다.

현실적으로는 첫 번째 문제가 가장 큽니다. public으로 지정된 인라인 함수에서는 private이나 내부용으로 제한된 함수 혹은 프로퍼티를 사용할 수 없습니다. 실제로 인라인 함수는 가시성이 제한된 원소들에 접근할 수 없습니다.

```
internal inline fun read() {
    val reader = Reader()  // 에러
    // ...
}

private class Reader {
    // ...
}
```

상세한 구현을 숨길 목적으로 내부 클래스를 사용할 수 없는 것과 같은 이유입니다. 그래서 클래스 안에서는 inline 제어자가 거의 사용되지 않습니다.

인라인 함수 사용하기

인라인 함수를 사용하는 주된 이유는 다음 두 가지입니다.

- 함수형 매개변수를 받는 함수의 성능 개선(덤으로 비지역 반환 지원)
- 구체화된 타입 매개변수 지원

인라인 함수는 헬퍼 함수로 사용하기에 적합합니다. 예를 들어, 다른 클래스 메서드를 간단하게 만들기 위해 이용되는 최상위 함수나 반복되는 메서드라면 인라인 함수로 만들지 고민해 볼 만합니다.

연습문제: 인라인 함수

다음 인라인 함수들을 구현하세요.

- Iterable<*>의 확장 함수인 anyOf: 원소가 주어진 타입이면 true를 반환합니다.
- Iterable<*>의 확장 함수인 firstOfOrNull: 주어진 타입의 첫 번째 원소를 반환하며, 원소가 없다면 null을 반환합니다.
- Map<*, *>의 확장 함수인 filterValuesInstanceOf: 키와 값 모두 지정된 타입을 가진 엔트리로 이루어진 맵을 반환합니다.

다음은 사용 예시입니다.

```kotlin
fun main() {
    val list = listOf(1, "A", 3, "B")
    println(list.anyOf<Int>())     // true
    println(list.anyOf<String>())  // true
    println(list.anyOf<Double>())  // true

    println(list.firstOfOrNull<String>())  // A
    println(list.firstOfOrNull<Int>())     // 1
    println(list.firstOfOrNull<Double>())  // null

    val map = mapOf(1 to 2, 2 to "A", 3 to 4, "B" to "C")
    println(map.filterValuesInstanceOf<Int, String>())     // {2=A}
    println(map.filterValuesInstanceOf<String, String>())  // {B=C}
```

```
    println(map.filterValuesInstanceOf<Int, Int>())         // {1=2, 3=4}
    println(map.filterValuesInstanceOf<String, Int>())      // {}
}
```

힌트: 이번 연습문제는 다음 장에서 배울 any, firstOrNull, filter 함수를 사용해 풀 수도 있습니다. 이 함수들에 대해 모른다면 for 반복문을 사용해 풀고, 나중을 위해 남겨 둬도 됩니다.

연습문제 깃허브 저장소의 functional/base/Inline.kt 파일에서 함수들의 단위 테스트와 사용 예시를 확인할 수 있습니다. 프로젝트를 로컬 환경으로 클론하여 문제를 풀어 보세요.

정답은 책 뒤편의 '연습문제 해답'에서 확인할 수 있습니다.

8장

컬렉션 처리

함수형 프로그래밍이 유용하게 쓰이는 대표적인 분야가 컬렉션 처리입니다. 컬렉션 처리는 프로그래밍에서 가장 빈번하게 일어나는 작업 중 하나입니다. 놀랄 만한 일은 아닙니다. 개발 완료된 소프트웨어 프로젝트를 들여다 보면 수 많은 컬렉션을 보게 될 것입니다. 온라인 샵이라면 물품, 판매자, 배송 방법, 결제 방법 등에 컬렉션을 이용했을 것입니다. 은행 애플리케이션이라면 계좌, 거래, 연락처, 청약 등에 썼을 것입니다. 나열하면 끝이 없습니다. 인터넷 검색 결과, 디렉터리 구조, 작업 관리자, 토픽, 포럼에서의 답변들… 컬렉션은 우리가 이용하는 거의 모든 서비스에 녹아 있습니다.

컬렉션은 다른 컬렉션으로 변환하거나 원소들을 집계한 결과 등으로 변환해야 하는 일이 많습니다. 컬렉션 처리 메서드들이 필요한 이유는 바로 이러한 컬렉션 변환 때문입니다.

컬렉션 처리는 가볍게 넘어갈 주제가 아닙니다. 수십 년 동안 함수형 프로그래밍의 주요 셀링 포인트였습니다.[1] 리스프 프로그래밍 언어[2]의 뜻 또한 '리스

---

1 1991년에 〈바나나, 렌즈, 봉투, 철조망으로 함수형 프로그래밍하기〉라는 영향력이 큰 논문이 발표되었습니다. 이 논문은 함수형 공식을 사용해 '어떻게' 처리할 것인지에서 '무엇'을 처리할 것인지를 분리하는 일반적인 재귀 스킴(맵, 폴드 등)을 제안하였습니다. *https://research.utwente.nl/en/publications/functional-programming-with-bananas-lenses-envelopes-and-barbed-w*

2 리스프(Lisp)는 지금도 널리 사용되고 있는 가장 오래된 프로그래밍 언어 중 하나이며, 모든 함수형 프로그래밍 언어의 아버지로 알려져 있습니다. 리스프와 유사한 언어 중 가장 잘 알려진 상용 언어로는 클로저(Clojure), 커먼 리스프(Common Lisp), 스킴(Scheme)이 있습니다.

트 처리(list processing)'입니다. 하스켈 또한 강력한 컬렉션 처리 메서드를 갖추고 있는 것으로 유명합니다. 스칼라 역시 컬렉션 처리를 셀링 포인트로 내세우고 있으며, 널 안전성을 위해 사용되는 타입인 Option조차도 0의 컬렉션 또는 리스트 표현식(list comprehension)³ 구조로 처리할 하나의 원소로 봅니다. 스칼라는 자바 커뮤니티에 큰 영향을 주었으며, (특히 컬렉션 처리용으로) 함수형 스타일을 받아들이는 데 기여했습니다. 컬렉션 처리는 객체 지향만 지원하던 언어들이 함수형 프로그래밍의 특징을 도입하게 된 가장 큰 이유입니다. 컬렉션을 함수형 스타일로 처리하길 원했던 것입니다. 코틀린도 그런 언어 중 하나이며, 컬렉션 처리를 효율적이고 효과적으로 만들어 주는 방대한 함수를 라이브러리로 제공합니다.

컬렉션 처리 메서드가 실제로 얼마나 강력한지 보겠습니다. 뉴스 기사 목록을 가져온 뒤, 공개된 기사만 정렬하여 뷰 UI의 적절한 원소로 매핑하여 보여 주는 상황을 떠올려 봅시다. 컬렉션을 함수형 스타일로 처리할 수 없다면 변환 과정을 다음 코드처럼 구현해야 합니다.

```
val visibleNews = mutableListOf<News>()
for (n in news) {
    if (n.visible) {
        visibleNews.add(n)
    }
}

Collections.sort(visibleNews) { n1, n2 ->
    n2.publishedAt - n1.publishedAt
}
val newsItemAdapters = mutableListOf<NewsItemAdapter>()
for (n in visibleNews) {
    newsItemAdapters.add(NewsItemAdapter(n))
}
```

컬렉션 처리⁴ 함수를 사용하면 다음 코드로 대체할 수 있습니다.

---

3 (옮긴이) 리스트 표현식이란 리스트 안에 식, for 문, if 문 등을 지정하여 리스트를 생성하는 표현식을 말합니다.
4 이번 장에서 '컬렉션 처리'는 '함수형 스타일의 컬렉션 처리'를 뜻합니다.

```
val newsItemAdapters = news
    .filter { it.visible }
    .sortedByDescending { it.publishedAt }
    .map(::NewsItemAdapter)
```

이 코드는 짧을 뿐만 아니라 읽기도 쉽습니다. 모든 처리 단계에서 원소 전체에 구체적인 변환을 수행합니다. 다음은 이 과정을 시각화한 그림입니다.

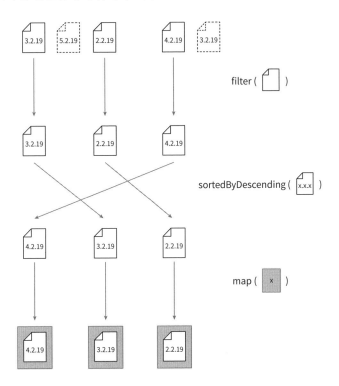

좋은 코틀린 개발자라면 컬렉션 처리를 함수형 스타일로 능숙하게 다뤄야 합니다. 유용한 메서드를 많이 알아 두어야 하며, 다양한 문제에서 컬렉션 처리를 활용한 경험이 풍부해야 합니다. 이번 장에서는 가장 유용한 메서드들을 알아보고, 이 메서드들을 사용해 컬렉션을 처리하는 방법을 살펴보겠습니다.

 컬렉션 처리 함수의 내부는 대부분 아주 간단합니다. 이번 장에서는 각각의 함수를 설명하기 전에 가장 간단하게 구현한 코드를 먼저 보여드릴 것입니다. 함수가 어떻게 동작하는지 알고 나면 이어지는 설명을 이해하기가 한결 수월할 것입니다.

forEach와 onEach

```kotlin
// 코틀린 표준 라이브러리에서 forEach를 구현한 코드
inline fun <T> Iterable<T>.forEach(action: (T) -> Unit) {
    for (element in this) action(element)
}

// 코틀린 표준 라이브러리에서 onEach를 구현한 코드를 간략화
inline fun <T, C : Iterable<T>> C.onEach(
    action: (T) -> Unit
): C {
    for (element in this) action(element)
    return this
}
```

forEach는 간단한 for 문을 대체하는 함수로, for 문처럼 모든 원소에 대해 어떠한 연산을 수행합니다. forEach와 for 문 중 무엇을 사용할지는 개인 선호도 문제입니다. forEach의 장점은 안전 호출(?.)을 통해 조건부로 호출할 수 있으며, 여러 줄로 이루어진 표현식에 더 적합하다는 것입니다. 한편 for 문은 일반적으로 경험이 많지 않은 개발자들이 이해하기에 더 쉽습니다.

```kotlin
// 변수가 없으면 코드 읽기가 힘들어집니다.
val messagesToSend = users.filter { it.isActive }
    .flatMap { it.remainingMessages }
    .filter { it.isToBeSent }
for (message in messagesToSend) {
    sendMessage(message)
}

// 더 나은 방법입니다.
users.filter { it.isActive }
    .flatMap { it.remainingMessages }
    .filter { it.isToBeSent }
    .forEach { sendMessage(it) }
```

 filter와 flatMap 같은 메서드는 조금 뒤에 설명하겠습니다.

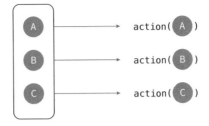

.*forEach*(action)

forEach는 Unit을 반환하므로 최종 연산(terminal operation)입니다. 컬렉션 처리 파이프라인에서 forEach 이후로는 다른 연산을 진행할 수 없다는 뜻입니다. 하지만 컬렉션 처리 도중에 원소 각각에 대한 연산을 수행해야 할 때도 있습니다. 이럴 때는 원소별 연산을 수행한 후 연산을 마친 컬렉션을 그대로 반환하는 onEach를 사용합니다.

```
users
    .filter { it.isActive }
    .onEach { log("Sending messages for user $it") }
    .flatMap { it.remainingMessages }
    .filter { it.isToBeSent }
    .forEach { sendMessage(it) }
```

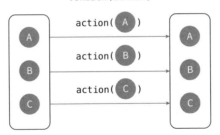

.*onEach*(action)

filter

```
// 코틀린 표준 라이브러리에서 filter를 구현한 코드를 간략화
inline fun <T> Iterable<T>.filter(
    predicate: (T) -> Boolean
): List<T> {
    val destination = ArrayList<T>()
```

```
        for (element in this) {
            if (predicate(element)) {
                destination.add(element)
            }
        }
        return destination
}
```

컬렉션 안의 특정 원소에만 관심이 있는 경우도 많습니다. 예를 들면, 전체 사용자 목록 중 활성 사용자에만 관심이 있거나, 전체 기사 목록 중 공개된 기사들만 보여 주고 싶은 경우입니다. 이럴 때는 프레디키트(predicate)를 만족하는 원소들의 컬렉션만 반환하는 filter 메서드를 사용합니다.

```
val activeUsers = users
    .filter { it.isActive }
val publicArticles = articles
    .filter { it.visibility == PUBLIC }
```

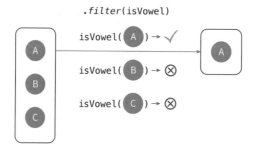

filter 메서드는 원소들의 수를 제한할 수 있습니다. 따라서 새로운 컬렉션은 더 작거나 심지어 비어 있을 수도 있지만, 어쨌든 결과로 걸러져 나오는 원소들은 모두 원래 컬렉션에 담겨 있던 원소들입니다.

```
fun main() {
    val old = listOf(1, 2, 6, 11)
    val new = old.filter { it in 2..10 }  // 2~10 사이의 수만 필터링
    println(new)  // [2, 6]
}
```

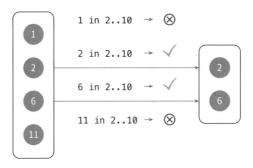

'filter'라는 이름은 영어에서 ('침전 필터'나 'UV 필터'처럼) '걸러내다(filter out)'라는 뜻으로 자주 쓰여 조금 어색해 보입니다. 프로그래밍에서의 filter는 걸러내지는 것이 아니라 '남아 있는 것'에 주안점을 둡니다. 저는 filter 함수를 '...한 원소들을 남기는 필터'로 이해하고 있습니다. 앞의 예는 '2부터 10 사이의 원소들을 남기는 필터'라고 읽습니다. 정수기가 물을 필터링하는 모습을 상상해도 좋습니다. 필터링 뒤에는 깨끗한 물만 남게 되지요.

filterNot 함수는 비슷하게 동작하지만 프레디키트를 '만족하지 않는' 원소만 남깁니다. 따라서 filterNot(op)의 결과는 filter { !op(it) }와 같습니다.

```kotlin
fun main() {
    val old = listOf(1, 2, 6, 11)
    val new = old.filterNot { it in 2..10 }
    println(new)  // [1, 11]
}
```

map

```kotlin
// 코틀린 표준 라이브러리에서 map을 구현한 코드를 간략화
inline fun <T, R> Iterable<T>.map(
    transform: (T) -> R
): List<R> {
    val size = if (this is Collection<*>) this.size else 10
    val destination = ArrayList<R>(size)
    for (element in this) {
        destination.add(transform(element))
    }
    return destination
}
```

map   75

모든 원소를 변환해 주는 map은 가장 많이 쓰이는 컬렉션 처리 중 하나입니다.

```kotlin
fun main() {
    val old = listOf(1, 2, 3, 4)
    val new = old.map { it * it }
    println(new)  // [1, 4, 9, 16]
}
```

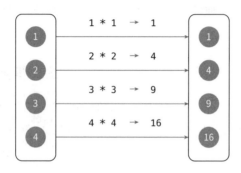

map은 같은 크기의 컬렉션을 생성합니다. 하지만 원소들은 변환될 수 있으며, 그 타입 또한 원래의 컬렉션과는 다를 수 있습니다.

```kotlin
fun main() {
    val names: List<String> = listOf("Alex", "Bob", "Carol")
    val nameSizes: List<Int> = names.map { it.length }
    println(nameSizes)  // [4, 3, 5]
}
```

변환은 간단한 수정 정도일 수도 있지만, 타입을 바꾸는 경우도 많습니다. 온라인 샵을 생각해 봅시다. 판매 목록을 화면에 보여 주려 한다면, 단순한 데이터만 담고 있던 원소들을 UI용 뷰들로 변환해야 합니다.

```kotlin
// 사용자들의 나이를 1씩 증가시킵니다.
val olderUsers = users
    .map { it.copy(age = it.age + 1) }

// 판매 목록을 보여 주는 뷰 목록으로 변환합니다.
val offerViews = offers
    .map { OfferView(it) }
```

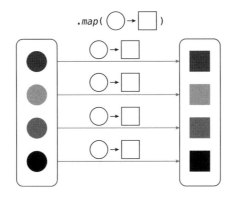

mapNotNull

```
// 코틀린 표준 라이브러리에서 mapNotNull을 구현한 코드를 간략화
inline fun <T, R> Iterable<T>.mapNotNull(
    transform: (T) -> R
): List<R> {
    val size = if (this is Collection<*>) this.size else 10
    val destination = ArrayList<R>(size)
    for (element in this) {
        val result = transform(element)
        if (result != null) destination.add(result)
    }
    return destination
}
```

성능이 중요한 코드에서 컬렉션 처리를 최적화할 때는 mapNotNull이 유용합니다. 기본적으로는 map과 같지만 null 값을 무시합니다. 변환과 필터링을 동시에 수행하는 처리 단계를 구현할 때 유용합니다. 예를 들어, 문자열 리스트를 숫자 리스트로 변환하면서 제대로 파싱되지 않는 문자열은 무시하고 싶은 경우입니다.

```
fun main() {
    val old = listOf("1", "A", "2", "3", "B", "4")
    println(old.mapNotNull { it.toIntOrNull() })  // [1, 2, 3, 4]
    val numbers = listOf(-1, 2, -3, 4)
    println(numbers.mapNotNull { prod(it) })      // [2, 24]
    println(numbers.mapNotNull { if (it > 0) it else null })
    // [2, 4]
}
```

```
fun prod(num: Int): Int? {
    if (num <= 0) return null
    // 나중에 배울 fold로 간단하게 만들 수 있습니다.
    var res = 1
    for (i in 1..num) {
        res *= i
    }
    return res
}
```

.mapNotNull { prod(it) }

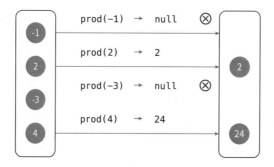

다음은 이 함수가 어떻게 사용되는지 보여 주는 실제 예입니다.

```
// 제품 목록을 카테고리로 변환하지만,
// 아무 카테고리에도 속하지 않는 제품은 무시합니다.
val categories: Set<Category> = products
    .mapNotNull { productCategories[it] }
    .toSet()

// 교환 제품 목록에서 교환 제품의 url을 얻지만,
// url을 찾을 수 없는 제품은 무시합니다.
// toMap은 '교환 제품과 url' 쌍으로 구성된 리스트를 맵으로 변환합니다.
val exchangeUrls: Map<Exchange, String> = exchanges
    .mapNotNull { exchange ->
        val url = getExchangeUrl(exchange)
            ?: return@mapNotNull null
        exchange to url
    }
    .toMap()
```

flatMap

```
// 코틀린 표준 라이브러리에서 flatMap을 구현한 코드를 간략화
inline fun <T, R> Iterable<T>.flatMap(
    transform: (T) -> Iterable<R>
): List<R> {
    val size = if (this is Collection<*>) this.size else 10
    val destination = ArrayList<R>(size)
    for (element in this) {
        destination.addAll(transform(element))
    }
    return destination
}
```

컬렉션 처리 함수 중 모든 개발자가 알아야 할 함수를 네 개만 뽑는다면 forEach, filter, map, flatMap이 있습니다. 이 함수들은 명령형 프로그래밍에서의 for와 while 반복문처럼 함수형 컬렉션 처리에서 관용적으로 사용됩니다.

flatMap은 원소들을 또 다른 컬렉션으로 매핑한 다음 평탄화(flatten)합니다. 원소들을 평탄화하려면 flatMap은 변환 과정 중간에 리스트 또는 세트처럼 순회 가능한 컬렉션을 반환해야 합니다.

```
fun main() {
    val old = listOf(1, 2, 3)
    val new = old.flatMap { listOf(it, it + 10) }
    println(new)  // [1, 11, 2, 12, 3, 13]
}
```

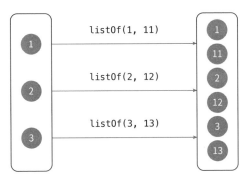

실제로 flatMap과 map의 유일한 차이는 평탄화뿐입니다. 따라서 map이 컬렉션의 컬렉션을 반환하면, flatMap은 컬렉션을 반환합니다. 이 차이는 Iterable<Iterable<T>>에서 flatten 메서드를 추가로 수행하면 없어집니다(따라서 flatMap(tr)과 map(tr).flatten()의 결과가 같습니다).

```
fun main() {
    val names = listOf("Ann", "Bob", "Cale")
    val chars1: List<Char> = names.flatMap { it.toList() }
    println(chars1)               // [A, n, n, B, o, b, C, a, l, e]
    val mapRes: List<List<Char>> = names.map { it.toList() }
    println(mapRes)               // [[A, n, n], [B, o, b], [C, a, l, e]]
    val chars2 = mapRes.flatten()
    println(chars2)               // [A, n, n, B, o, b, C, a, l, e]
    println(chars1 == chars2)  // true
}
```

 String.toList()는 문자열을 문자 리스트로 변환합니다.

flatMap은 원소 목록을 가지고 있는 객체에서 원소들을 추출할 때 주로 사용합니다. 예를 들어 보겠습니다. 우리에게 학교 목록이 주어져 있고, 각 학교는 학생 목록을 가지고 있습니다. 이 상황에서 학생들 전체의 목록을 얻고 싶을 수 있습니다. 또 다른 예로 부서 목록으로부터 전체 근로자 명단을 얻고 싶은 경우를 들 수 있습니다.

```
val allStudents = schools
    .flatMap { it.students }

val allEmployees = department
    .flatMap { it.employees }
```

연습문제: 컬렉션 처리 최적화

다음 컬렉션 처리는 다섯 단계로 이루어져 있습니다. 지금까지 배운 함수들을 이용하여 단 두 단계로 압축해 보세요.

```kotlin
fun List<StudentJson>.getPassingSurnames(): List<String> =
    this.filter { it.result >= 50 }
        .filter { it.pointsInSemester >= 15 }
        .map { it.surname }
        .filter { it != null }
        .map { it!! }
```

연습문제 깃허브 저장소의 functional/collections/PassingSurnames.kt 파일에서 시작 코드와 단위 테스트를 확인할 수 있습니다. 프로젝트를 로컬 환경으로 클론하여 문제를 풀어 보세요.

정답은 책 뒤편의 '연습문제 해답'에서 확인할 수 있습니다.

fold

```kotlin
// 코틀린 표준 라이브러리에서 `fold`를 구현한 코드를 간략화
inline fun <T, R> Iterable<T>.fold(
    initial: R,
    operation: (acc: R, T) -> R
): R {
    var accumulator = initial
    for (element in this) {
        accumulator = operation(accumulator, element)
    }
    return accumulator
}
```

fold는 컬렉션 처리 함수 중 가장 만능인 메서드입니다. 코틀린 표준 라이브러리가 이미 중요한 연산을 대부분 제공하기 때문에 사용하는 일은 드물지만, 당면한 작업에 들어맞는 메서드가 없는 경우 fold를 사용하면 됩니다.

실제로 어떻게 쓰는지 봅시다. fold는 명시한 연산을 수행하여 모든 원소를 하나의 변수로 취합하는 메서드입니다(그래서 '누산기'라 부릅니다). 예를 들어 1에서 4까지가 들어 있는 컬렉션이 있고, 초깃값은 0, 연산은 덧셈이라고 해봅시다. 그러면 fold는 다음과 같이 동작합니다.

- 첫 번째 값 1을 누산기 초깃값 0에 더합니다.
- 그리고 결괏값 1을 다음 값인 2에 더합니다.

- 그리고 결괏값 3을 다음 값인 3에 더합니다.
- 그리고 결괏값 6을 다음 값인 4에 더합니다.
- 최종 결괏값은 10이 됩니다.

이처럼 fold(0) { acc, i -> acc + i}는 모든 수의 합을 계산합니다.

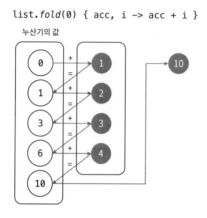

list.*fold*(0) { acc, i -> acc + i }

초깃값을 명시할 수 있으므로 결과 타입도 정할 수 있습니다. 초깃값이 빈 문자열이고 연산이 덧셈이라면, 결과는 문자열 "1234"가 됩니다.

```kotlin
fun main() {
    val numbers = listOf(1, 2, 3, 4)
    val sum = numbers.fold(0) { acc, i -> acc + i }
    println(sum)          // 10
    val joinedString = numbers.fold("") { acc, i -> acc + i }
    println(joinedString)  // 1234
    val product = numbers.fold(1) { acc, i -> acc * i }
    println(product)      // 24
}
```

fold는 정말 다양하게 쓰입니다. 거의 모든 컬렉션 처리 메서드를 fold를 사용하여 구현할 수 있습니다.

```kotlin
// `fold`로 `filter`를 구현한 코드를 간략화
inline fun <T> Iterable<T>.filter(
    predicate: (T) -> Boolean
): List<T> =
```

```
    fold(emptyList()) { acc, e ->
        if (predicate(e)) acc + e else acc
    }

// `fold`로 `map`을 구현한 코드를 간략화
inline fun <T, R> Iterable<T>.map(
    transform: (T) -> R
): List<R> =
    fold(emptyList()) { acc, e -> acc + transform(e) }

// `fold`로 `flatMap`을 구현한 코드를 간략화
inline fun <T, R> Iterable<T>.flatMap(
    transform: (T) -> Iterable<R>
): List<R> =
    fold(emptyList()) { acc, e -> acc + transform(e) }
```

코틀린 표준 라이브러리가 수많은 컬렉션 처리 함수를 제공하기 때문에 fold
가 실제로 사용되는 경우는 별로 없습니다. 앞서 합을 계산하거나 문자열로 연
결하는 함수를 예로 살펴보았는데, 같은 일을 하는 전문 메서드들이 이미 존재
합니다.

```
fun main() {
    val numbers = listOf(1, 2, 3, 4, 5)
    println(numbers.sum())                      // 15
    println(numbers.joinToString(separator = ""))  // 12345
}
```

컬렉션 안의 모든 수를 곱하는 표준 라이브러리 메서드는 지금은 없으니, 필요
하다면 fold를 사용해 볼 기회입니다. 직접 사용할 수도 있고, 다음처럼 product
메서드로 구현하여 이용해도 좋을 것입니다.

```
fun Iterable<Int>.product(): Int =
    fold(1) { acc, i -> acc * i }
```

 누산 순서를 거꾸로 하여 컬렉션의 마지막 원소부터 시작하고 싶다면 foldRight를 사용
하면 됩니다.

특정 상황에서는 fold의 최종 결과뿐 아니라 모든 중간 연산값이 필요할 수 있습니다. 이럴 때는 runningFold 메서드, 또는 별명인 scan을 사용합니다.[5]

list.*scan*(0) { acc, i -> acc + i }

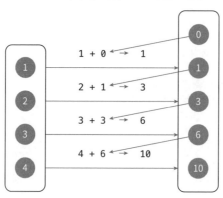

```
fun main() {
    val numbers = listOf(1, 2, 3, 4)
    println(numbers.fold(0) { acc, i -> acc + i })  // 10
    println(numbers.scan(0) { acc, i -> acc + i })  // [0, 1, 3, 6, 10]
    println(numbers.runningFold(0) { acc, i -> acc + i })
    // [0, 1, 3, 6, 10]

    println(numbers.fold("") { acc, i -> acc + i })  // 1234
    println(numbers.scan("") { acc, i -> acc + i })
    // [, 1, 12, 123, 1234]
    println(numbers.runningFold("") { acc, i -> acc + i })
    // [, 1, 12, 123, 1234]

    println(numbers.fold(1) { acc, i -> acc * i })  // 24
    println(numbers.scan(1) { acc, i -> acc * i })  // [1, 1, 2, 6, 24]
    println(numbers.runningFold(1) { acc, i -> acc * i })
    // [1, 1, 2, 6, 24]
}
```

✓ runningFold(init, oper).last()와 scan(init, oper).last()의 결과는 fold(init, oper)의 결과와 동일합니다.

---

5 이번 장에서 별명은 정확히 똑같은 역할을 하는 함수를 의미합니다.

reduce

```kotlin
// 코틀린 표준 라이브러리에서 `reduce`를 구현한 코드를 간략화
public inline fun <S, T : S> Iterable<T>.reduce(
    operation: (acc: S, T) -> S
): S {
    val iterator = this.iterator()
    if (!iterator.hasNext())
        throw UnsupportedOperationException(
            "Empty collection can't be reduced."
        )
    var accumulator: S = iterator.next()
    while (iterator.hasNext()) {
        accumulator = operation(accumulator, iterator.next())
    }
    return accumulator
}
```

reduce는 fold와 비슷한 함수입니다. fold와 마찬가지로, 지정한 변환 함수를
이용하여 모든 원소를 누산합니다만, 초깃값을 정의하지 않는다는 차이가 있
습니다. 초깃값을 지정하지 않는 대신 첫 번째 원소를 초깃값으로 사용합니다.
이런 특징으로 인해 다음의 세 가지 효과가 파생됩니다.

• 컬렉션이 비어 있으면 예외를 던집니다. 원소가 담겨 있는지 확실하지 않다
  면, reduceOrNull을 사용해 컬렉션이 비어 있을 때 null을 반환하게 할 수 있
  습니다.
• 결과 타입은 원소들의 타입과 반드시 같습니다.
• 처리해야 할 연산이 하나 적기 때문에 fold보다 근소하게 빠릅니다.

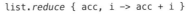

list.*reduce* { acc, i -> acc + i }

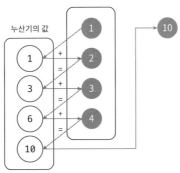

누산기의 값

```kotlin
fun main() {
    val numbers = listOf(1, 2, 3, 4, 5)
    println(numbers.fold(0) { acc, i -> acc + i })   // 15
    println(numbers.reduce { acc, i -> acc + i })    // 15

    println(numbers.fold("") { acc, i -> acc + i })  // 12345
    // 여기서는 `reduce`를 `fold` 대신 사용할 수 없습니다.

    println(numbers.fold(1) { acc, i -> acc * i })   // 120
    println(numbers.reduce { acc, i -> acc * i })    // 120
}
```

 list.reduce(oper)는 list.drop(1).fold(list[0], oper)와 매우 비슷합니다.

fold는 빈 컬렉션으로 인한 위험성이 없고 결과 타입을 제어할 수 있습니다. 그래서 저는 '빈' 값이 있을 때는 주로 fold를 사용합니다.

 fold처럼 runningReduce와 reduceRight 함수도 준비되어 있습니다.

sum

```kotlin
// 코틀린 표준 라이브러리에서 `sum`을 구현한 코드를 간략화
fun Iterable<Int>.sum(): Int {
    var sum: Int = 0
    for (element in this) {
        sum += element
    }
    return sum
}

// 코틀린 표준 라이브러리에서 `sumOf`를 구현한 코드를 간략화
inline fun <T> Iterable<T>.sumOf(
    selector: (T) -> Int
): Int {
    var sum: Int = 0.toInt()
    for (element in this) {
        sum += selector(element)
    }
    return sum
}
```

앞에서 컬렉션에 담긴 수 모두를 더하는 함수가 있다고 했는데, sum이 바로 그 주인공입니다. Int, Long, Double처럼 숫자를 표현하는 모든 타입에 대응하도록 구현되었습니다.

```kotlin
fun main() {
    val numbers = listOf(1, 6, 2, 4, 7, 1)
    println(numbers.sum())  // 21

    val doubles = listOf(0.1, 0.6, 0.2, 0.4, 0.7)
    println(doubles.sum())  // 1.9999999999999998
    // JVM에서 부동소수점 수를 표현하는 데 한계가 있기 때문에
    // 정확히 2가 될 수 없습니다.

    val bytes = listOf<Byte>(1, 4, 2, 4, 5)
    println(bytes.sum())  // 16
}
```

컬렉션에 담긴 원소들의 프로퍼티 하나의 합을 계산하고 싶다면, 원소들을 그 프로퍼티의 값으로 먼저 매핑하는 방법도 있습니다. 하지만 각 원소에서 덧셈이 가능한 값을 추출하여 더해 주는 sumOf 함수가 더 효율적입니다.

```kotlin
import java.math.BigDecimal

data class Player(
    val name: String,
    val points: Int,
    val money: BigDecimal,
)

fun main() {
    val players = listOf(
        Player("Jake", 234, BigDecimal("2.30")),
        Player("Megan", 567, BigDecimal("1.50")),
        Player("Beth", 123, BigDecimal("0.00")),
    )

    println(players.map { it.points }.sum())  // 924
    println(players.sumOf { it.points })       // 924

    // `BigDecimal`도 잘 동작합니다.
    println(players.sumOf { it.money })        // 3.80
}
```

withIndex와 인덱스된 변형 함수들

```kotlin
// 코틀린 표준 라이브러리에서 `withIndex`를 구현한 코드를 간략화
fun <T> Iterable<T>.withIndex(): Iterable<IndexedValue<T>> =
    IndexingIterable { iterator() }

data class IndexedValue<out T>(
    val index: Int,
    val value: T
)
```

컬렉션 안의 원소들뿐 아니라 원소들의 '위치'가 필요한 경우도 있습니다. 컬렉션 처리 파이프라인 중간에 원소의 값뿐만 아니라 그 위치도 중요한 함수가 섞여 있다고 생각해 봅시다. 이럴 때 이용할 수 있는 가장 보편적인 해법은 withIndex 함수입니다. withIndex는 원소들의 리스트를 인덱싱된 리스트로 지연 변환해 줍니다. 변환 결과로 나온 원소는 인덱스와 값으로 구조 분해[6](destructuring)할 수 있습니다.

```kotlin
fun main() {
    listOf("A", "B", "C", "D")  // List<String>
        .withIndex()             // List<IndexedValue<String>>
        .filter { (index, value) -> index % 2 == 0 }
        .map { (index, value) -> "[$index] $value" }
        .forEach { println(it) }
}
// [0] A
// [2] C
```

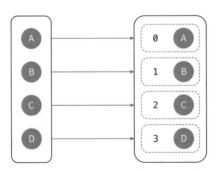

.withIndex()

---

6 구조 분해는 하나의 값을 분해하여 여러 개의 변수에 담아 주는 기술입니다. 자세한 설명은 《코틀린 아카데미: 핵심편》을 참고하기 바랍니다.

withIndex는 만능 이터레이터 함수입니다. 하지만 다른 컬렉션 처리 함수들 또한 '인덱스된' 변형 함수를 제공합니다. 예를 들면 filter, map, flatMap, fold, scan에는 각각 똑같이 동작하는 filterIndexed, mapIndexed, flatMapIndexed, foldIndexed, scanIndexed 함수가 있습니다. 이 변형 함수들은 withIndex와 마찬가지로 연산 결과의 첫 번째 위치가 인덱스입니다.

```kotlin
fun main() {
    val chars = listOf("A", "B", "C", "D")

    val filtered = chars
        .filterIndexed { index, value -> index % 2 == 0 }
    println(filtered)  // [A, C]

    val mapped = chars
        .mapIndexed { index, value -> "[$index] $value" }
    println(mapped)    // [[0] A, [1] B, [2] C, [3] D]
}
```

withIndex를 사용하면 각 원소에 현재 인덱스를 부여하고, 그 인덱스가 컬렉션 처리 파이프라인의 모든 단계에서 유지됩니다. 반면 인덱스된 함수들은 각 단계에서의 현재 인덱스를 부여합니다.

```kotlin
fun main() {
    val chars = listOf("A", "B", "C", "D")

    val r1 = chars.withIndex()
        .filter { (index, value) -> index % 2 == 0 }
        .map { (index, value) -> "[$index] $value" }
    println(r1)  // [[0] A, [2] C]

    val r2 = chars
        .filterIndexed { index, value -> index % 2 == 0 }
        .mapIndexed() { index, value -> "[$index] $value" }
    println(r2)  // [[0] A, [1] C]
}
```

take, takeLast, drop, dropLast, subList

특정 개수의 원소를 제거해야 할 때는 take, takeLast, drop, dropLast, subList를 사용합니다.

- take(n): 처음 n개의 원소만 포함하는 컬렉션을 반환합니다(원소가 n개보다 적다면 현재 컬렉션을 그대로 반환합니다).
- takeLast(n): 마지막 n개의 원소만 포함하는 컬렉션을 반환합니다(원소가 n개보다 적다면 현재 컬렉션을 그대로 반환합니다).
- drop(n): 처음 n개의 원소를 제거한 컬렉션을 반환합니다.
- dropLast(n): 마지막 n개의 원소를 제거한 컬렉션을 반환합니다.

```
fun main() {
    val chars = ('a'..'z').toList()

    println(chars.take(10))      // [a, b, c, d, e, f, g, h, i, j]
    println(chars.takeLast(10))  // [q, r, s, t, u, v, w, x, y, z]
    println(chars.drop(10))
    // [k, l, m, n, o, p, q, r, s, t, u, v, w, x, y, z]
    println(chars.dropLast(10))
    // [a, b, c, d, e, f, g, h, i, j, k, l, m, n, o, p]
}
```

.take(4)

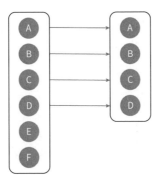

.takeLast(4)

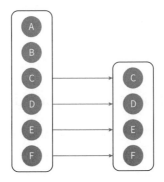

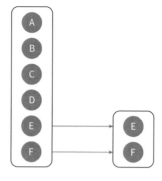

.drop(4)

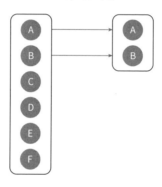

.dropLast(4)

> ☑️ 설계상, 코틀린에는 다른 언어에서 흔히 쓰이는 (첫 번째 원소를 반환하는) head와 (마지막 원소를 반환하는) tail 메서드가 없습니다. 대신에 first()와 drop(1)을 사용합니다.

take와 drop을 포함한 대부분의 컬렉션 처리 함수는 Iterable 인터페이스의 확장 함수입니다. 하지만 takeLast와 dropLast는 List의 확장 함수입니다. 효율성을 위해 이와 같이 설계되었습니다.

컬렉션의 크기를 알고 있다면 이 메서드들을 서로 바꾸어 사용할 수 있습니다.

- l.take(n)과 l.dropLast(l.size – n)의 결과가 같습니다.
- l.takeLast(n)과 l.drop(l.size – n)의 결과가 같습니다.
- l.drop(n)과 l.takeLast(l.size – n)의 결과가 같습니다.
- l.dropLast(n)과 l.take(l.size – n)의 결과가 같습니다.

```
fun main() {
    val c = ('a'..'z').toList()
    println(c.take(10) == c.dropLast(c.size - 10))  // true
    println(c.takeLast(10) == c.drop(c.size - 10))  // true
    println(c.drop(10) == c.takeLast(c.size - 10))  // true
    println(c.dropLast(10) == c.take(c.size - 10))  // true
}
```

List를 다룰 때는 기능이 더 많은 subList 함수로 대체할 수 있습니다. subList 는 (결과에 포함되는) 처음 인덱스와 (포함되지 않는) 마지막 인덱스를 인수로 받습니다.

- l.take(n)과 l.subList(0, n)의 결과가 같습니다.

- l.takeLast(n)과 l.subList(l.size - n, l.size)의 결과가 같습니다.

- l.drop(n)과 l.subList(n, l.size)의 결과가 같습니다.

- l.dropLast(n)과 l.subList(0, l.size - n)의 결과가 같습니다.

```
fun main() {
    val c = ('a'..'z').toList()
    val n = 10
    val s = c.size
    println(c.take(n) == c.subList(0, n))        // true
    println(c.takeLast(n) == c.subList(s - n, s))  // true
    println(c.drop(n) == c.subList(n, s))        // true
    println(c.dropLast(n) == c.subList(0, s - n))  // true
}
```

.subList(2, 5)

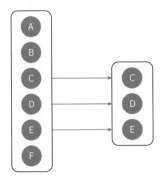

인덱스 계산이 직관적이지 않은 subList보다 take, takeLast, drop, dropLast가 가독성이 훨씬 좋습니다. 더 안전하기까지 합니다. 예를 들어 컬렉션이 가지고 있는 것보다 더 많은 원소를 drop하면 빈 컬렉션이 나오고, 더 많은 원소를 take하면 원래 있던 원소를 모두 포함하는 컬렉션이 나옵니다. 반면에 subList는 잘못된 값을 입력하면 예외를 던집니다.

```kotlin
fun main() {
    val letters = listOf("a", "b", "c")
    println(letters.take(100))        // [a, b, c]
    println(letters.takeLast(100))    // [a, b, c]
    println(letters.drop(100))        // []
    println(letters.dropLast(100))    // []
    letters.subList(0, 4)             // IndexOutOfBoundsException을 던집니다.
}
```

연습문제: 특정 위치에 원소 추가하기

다음 코드처럼 add 메서드를 사용하면 가변(mutable) 리스트의 지정된 위치에 원소를 추가할 수 있습니다.

```kotlin
fun main() {
    val list = mutableListOf(1, 2, 3)
    list.add(1, 4)
    println(list)  // [1, 4, 2, 3]
}
```

불행히도 불변 리스트의 지정된 위치에 원소를 추가해 주는 함수는 없습니다. 이번 과제는 이런 기능을 하는 plusAt 함수를 정의하는 것입니다. plusAt은 다음과 같이 사용합니다.

```kotlin
fun main() {
    val list = listOf(1, 2, 3)
    println(list.plusAt(1, 4))     // [1, 4, 2, 3]
    println(list.plusAt(0, 5))     // [5, 1, 2, 3]
    println(list.plusAt(3, 6))     // [1, 2, 3, 6]
    val list2 = listOf("A", "B", "C")
    println(list2.plusAt(1, "D"))  // [A, D, B, C]
}
```

이 함수는 인덱스가 올바른지 확인해야 합니다. 잘못된 인덱스라면 Illegal ArgumentException을 던집니다. 0은 유효한 인덱스이며, 원소를 리스트의 시작점에 추가하라는 의미입니다. size도 유효한 인덱스이며, 원소를 리스트의 끝에 추가하라는 의미입니다.

plusAt 함수를 구현하는 방법은 최소한 세 가지가 있습니다. 하나는 가변 컬렉션을 사용하는 것이며, 컬렉션 처리 함수 또는 + 연산자를 사용하는 방법도 있습니다. 세 가지 방법을 모두 사용해서 구현해 보세요.

연습문제 깃허브 저장소의 functional/collections/PlusAt.kt 파일에서 시작 코드와 단위 테스트를 확인할 수 있습니다. 프로젝트를 로컬 환경으로 클론하여 문제를 풀어 보세요.

정답은 책 뒤편의 '연습문제 해답'에서 확인할 수 있습니다.

특정 위치의 원소 얻기

컬렉션의 첫 번째 원소를 얻고 싶을 때는 first 메서드를, 마지막 원소를 얻고 싶으면 last 메서드를 주로 사용합니다. 그 외 특정 위치를 지정해 얻고 싶다면 get 메서드나 대괄호 연산을 사용합니다. 리스트를 시작점부터 구조 분해하여 원소들을 얻어낼 수도 있습니다.

```
fun main() {
    val c = ('a'..'z').toList()
    println(c.first())  // a
    println(c.last())   // z
    println(c.get(3))   // d
    println(c[3])       // d

    val (c1, c2, c3) = c    // 구조 분해
    println(c1)  // a
    println(c2)  // b
    println(c3)  // c
}
```

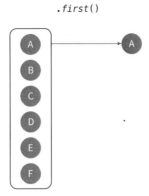

.first()

컬렉션이 비어 있다면 문제가 됩니다. 이런 경우, 앞에서 보여드린 모든 함수가 NoSuchElementException 또는 IndexOutOfBoundsException을 던집니다. 예외가 발생하지 않게 하려면 OrNull 접미사가 붙은 함수를 사용하면 됩니다.

```kotlin
fun main() {
    val c = listOf<Char>()
    println(c.firstOrNull())  // null
    println(c.lastOrNull())   // null
    println(c.getOrNull(3))   // null
}
```

원소 찾기

전체 원소 중에서 프레디키트를 만족하는 하나를 찾고 싶을 때가 있습니다. 특정 아이디의 사용자일 수도 있고, 특정 이름의 설정일 수도 있습니다. 컬렉션에서 원소를 찾는 가장 기본적인 방법은 find입니다.

```kotlin
fun getUser(id: String): User? =
    users.find { it.id == id }

fun findConfiguration(name: String): Configuration? =
    configurations.find { it.name == name }
```

find는 firstOrNull의 또 다른 이름입니다. 두 함수 모두 프레디키트를 만족하는 첫 번째 원소를 반환하며, 원소가 없을 때는 null을 반환합니다.

```
fun main() {
    val names = listOf("Cookie", "Figa")
    println(names.find { it.first() == 'A' })         // null
    println(names.firstOrNull { it.first() == 'A' })  // null
    println(names.find { it.first() == 'C' })         // Cookie
    println(names.firstOrNull { it.first() == 'C' })  // Cookie
    println(listOf(1, 2, 6, 11).find { it in 2..10 }) // 2
}
```

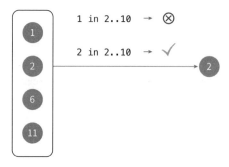

끝에서부터 찾고 싶다면 findLast 또는 lastOrNull을 사용합니다.

```
fun main() {
    val names = listOf("C1", "C2")
    println(names.find { it.first() == 'C' })         // C1
    println(names.firstOrNull { it.first() == 'C' })  // C1
    println(names.findLast { it.first() == 'C' })     // C2
    println(names.lastOrNull { it.first() == 'C' })   // C2
}
```

원소 개수 세기

size 프로퍼티는 언제든 사용할 수 있으므로 리스트의 원소 수를 세는 건 아주
쉬운 일입니다. 하지만 Iterable을 구현하는 몇몇 컬렉션은 원소의 수를 세기
위해 원소들을 순차 방문해야 합니다. count는 원소의 수를 세는 메서드이며,
모든 컬렉션에서 활용할 수 있습니다.

```kotlin
fun main() {
    val range = (1..100 step 3)
    println(range.count())  // 34
}
```

특정 조건을 만족하는 원소의 수를 알고 싶다면 count에 프레디키트를 추가할 수 있습니다. 프리미엄 사용자의 수를 세거나, 인턴십 조건을 충족하는 학생의 수를 세는 경우가 있을 수 있습니다.

```kotlin
val premiumUsersCount = users
    .count { it.hasPremium }

val qualifiedNum = students
    .count { qualifiesForInternship(it) }
```

count 메서드는 프레디키트가 true를 반환하는 원소의 수를 반환합니다.

```kotlin
fun main() {
    val range = (1..100 step 3)
    println(range.count { it % 5 == 0 })  // 7
}
```

any, all, none

컬렉션 안의 원소 모두가 조건을 만족하는지, 일부만 만족하는지, 만족하는 원소가 전혀 없는지 확인할 때는 각각 all, any, none을 사용합니다. 세 함수 모두 Boolean 값을 반환합니다. 준비한 예들을 봅시다.

```kotlin
data class Person(
    val name: String,
    val age: Int,
    val male: Boolean
)

fun main() {
    val people = listOf(
        Person("Alice", 31, false),
        Person("Bob", 29, true),
        Person("Carol", 31, true)
    )
```

```
    fun isAdult(p: Person) = p.age > 18
    fun isChild(p: Person) = p.age < 18
    fun isMale(p: Person) = p.male
    fun isFemale(p: Person) = !p.male

    // 어른이 있는가?
    println(people.any(::isAdult))    // true
    // 모두 어른인가?
    println(people.all(::isAdult))    // true
    // 어른이 아무도 없는가?
    println(people.none(::isAdult))   // false

    // 아이가 있는가?
    println(people.any(::isChild))    // false
    // 모두 아이인가?
    println(people.all(::isChild))    // false
    // 아이가 아무도 없는가?
    println(people.none(::isChild))   // true

    // 남자가 있는가?
    println(people.any { isMale(it) })    // true
    // 모두 남자인가?
    println(people.all { isMale(it) })    // false
    // 남자가 아무도 없는가?
    println(people.none { isMale(it) })   // false

    // 여자가 있는가?
    println(people.any { isFemale(it) })    // true
    // 모두 여자인가?
    println(people.all { isFemale(it) })    // false
    // 여자가 아무도 없는가?
    println(people.none { isFemale(it) })   // false
}
```

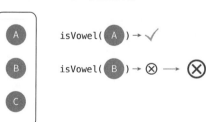

.all(isVowel)

isVowel(A) → ✓

isVowel(E) → ✓   ✓

isVowel(O)   ✓

.any(isVowel)

isVowel(B) → ⊗

isVowel(A) → ✓ → ✓

.any(isVowel)

isVowel(B) → ⊗

isVowel(C) → ⊗   ⊗

isVowel(D) → ⊗

.none(isVowel)

isVowel(B) → ⊗

isVowel(A) → ✓   ⊗

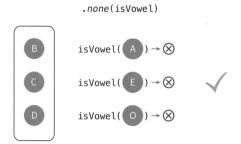

.*none*(isVowel)

> ⚠️ 명심하세요! (find나 last처럼) 원소를 찾는 메서드와 (any처럼) 원소의 조건을 확인하는 메서드를 혼동하는 개발자가 많습니다.

컬렉션이 비어 있으면 프레디키트를 호출하지 않습니다. 이럴 때 any는 false를 반환하고, all과 none은 true를 반환합니다. 해당 함수들의 수학적 정의를 따르기 위해 적용된 규칙입니다.[7]

```
fun main() {
    val emptyList = emptyList<String>()
    println(emptyList.any { error("Ignored") })   // false
    println(emptyList.all { error("Ignored") })   // true
    println(emptyList.none { error("Ignored") })  // true
}
```

연습문제: 샵 함수 구현(어려움)

다음 함수들을 구현하세요.

- getWatingCustomers: 주문한 물품이 아직 배송되지 않은 고객들의 목록을 반환합니다.
- countProductSales: 명시한 물품의 주문량을 반환합니다.
- getCustomers: 주문한 전체 금액이 주어진 값과 같거나 큰 고객들의 목록을 반환합니다.

---

7 이 규칙에 대해 자세히 알고 싶다면 '공진리(vacuous truth)'를 검색해 보세요.

시작 코드는 다음과 같습니다.

```kotlin
fun Shop.getWaitingCustomers(): List<Customer> = TODO()

fun Shop.countProductSales(product: Product): Int = TODO()

fun Shop.getCustomers(
    minAmount: Double,
): List<Customer> = TODO()

data class Shop(
    val name: String,
    val customers: List<Customer>
)

data class Customer(
    val name: String,
    val city: City,
    val orders: List<Order>
)

data class Order(
    val products: List<Product>,
    val isDelivered: Boolean
)

data class Product(
    val name: String,
    val price: Double
)

data class City(
    val name: String
)
```

연습문제 깃허브 저장소의 functional/collections/Shop.kt 파일에서 시작 코드
와 단위 테스트를 확인할 수 있습니다. 프로젝트를 로컬 환경으로 클론하여 문
제를 풀어 보세요.

partition

```
// 코틀린 표준 라이브러리에서 `partition`을 구현한 코드를 간략화
inline fun <T> Iterable<T>.partition(
    predicate: (T) -> Boolean
): Pair<List<T>, List<T>> {
    val first = ArrayList<T>()
    val second = ArrayList<T>()
    for (element in this) {
        if (predicate(element)) {
            first.add(element)
        } else {
            second.add(element)
        }
    }
    return Pair(first, second)
}
```

앞에서 우리는 프레디키트를 만족하는 원소 리스트를 반환하는 filter 함수에 대해 배웠습니다. 그런데 조건을 만족하지 않는 원소들도 필요하다면 어떻게 해야 할까요? 이럴 때는 리스트 쌍을 반환하는 partition 메서드를 사용합니다. 첫 번째 리스트에는 프레디키트를 만족하는 원소들이, 두 번째 리스트에는 만족하지 않는 원소들이 담겨 있습니다. 리스트 쌍은 두 개의 컬렉션으로 구조 분해할 수 있습니다.

```
fun main() {
    val nums = listOf(1, 2, 6, 11)
    val partitioned: Pair<List<Int>, List<Int>> =
        nums.partition { it in 2..10 }
    println(partitioned)  // ([2, 6], [1, 11])

    val (inRange, notInRange) = partitioned
    println(inRange)     // [2, 6]
    println(notInRange)  // [1, 11]
}
```

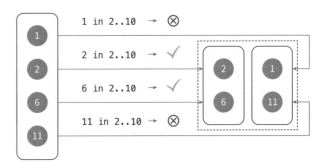

```
.partition { it in 2..10 }
```

```kotlin
fun main() {
    val nums = (1..10).toList()

    val (smaller, bigger) = nums.partition { it <= 5 }
    println(smaller)  // [1, 2, 3, 4, 5]
    println(bigger)   // [6, 7, 8, 9, 10]

    val (even, odd) = nums.partition { it % 2 == 0 }
    println(even)  // [2, 4, 6, 8, 10]
    println(odd)   // [1, 3, 5, 7, 9]

    data class Student(val name: String, val passing: Boolean)

    val students = listOf(
        Student("Alex", true),
        Student("Ben", false),
    )
    val (passing, failed) = students.partition { it.passing }
    println(passing)  // [Student(name=Alex, passing=true)]
    println(failed)   // [Student(name=Ben, passing=false)]
}
```

groupBy

```kotlin
// 코틀린 표준 라이브러리에서 `groupBy`를 구현한 코드를 간략화
inline fun <T, K> Iterable<T>.groupBy(
    keySelector: (T) -> K
): Map<K, List<T>> {
    val destination = LinkedHashMap<K, MutableList<T>>()
    for (element in this) {
        val key = keySelector(element)
```

```
            val list = destination.getOrPut(key) {
                ArrayList<T>()
            }
            list.add(element)
        }
    return destination
}
```

partition을 소개하고 나면, 컬렉션을 여러 개의 그룹으로 분리하는 방법을 묻는 사람들이 종종 있습니다. 이런 경우, 키를 기준으로 원소들을 그룹 짓고, 키-그룹 쌍을 담은 맵(Map<K, List<E>>)을 반환하는 groupBy를 사용합니다.

```
fun main() {
    val names = listOf("Marcin", "Maja", "Cookie")

    val byCapital = names.groupBy { it.first() }
    println(byCapital)  // {M=[Marcin, Maja], C=[Cookie]}

    val byLength = names.groupBy { it.length }
    println(byLength)   // {6=[Marcin, Cookie], 4=[Maja]}
}
```

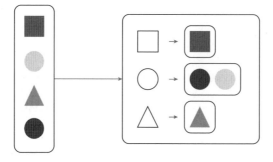

.groupBy(shape)

경험상 더 복잡한 컬렉션 처리를 고민하는 동료들이 흔히 간과하는 함수가 바로 groupBy입니다. 다음은 groupBy가 필요한 연산들입니다.

- 사용자 목록에서 도시별 사용자 수를 세는 경우
- 선수 목록에서 팀별 점수 총합을 구하는 경우
- 선택지 목록에서 카테고리를 분류해 카테고리별 최고의 방안을 찾는 경우

```
// 도시별 사용자 수를 셉니다.
val usersCount: Map<City, Int> = users
    .groupBy { it.city }
    .mapValues { (_, users) -> users.size }

// 팀별 총점을 계산합니다.
val pointsPerTeam: Map<Team, Int> = players
    .groupBy { it.team }
    .mapValues { (_, players) -> players.sumOf { it.points }
    }

// 카테고리별 최고의 방안을 찾습니다.
val bestResolutionPerQuality: Map<Quality, Resolution> =
    formats.groupBy { it.quality }
        .mapValues { (_, formats) -> formats.maxOf { it.resolution }
        }
```

✓ mapValues는 Map의 값 모두에 변환 함수를 적용하는 함수입니다.

✓ groupBy 대신 사용할 수 있는 groupingBy라는 메서드도 있습니다. groupingBy가 좀
더 효율적이지만, 사용하기엔 더 어렵습니다.[8]

flatMap을 사용해 groupBy 메서드의 결과를 되돌릴 수 있습니다. groupBy를 사
용한 다음 그 값들에 flatMap을 적용하면 시작할 때의 원소들을 그대로 얻을
수 있습니다(순서는 다를 수 있습니다).

```
data class Player(val name: String, val team: String)

fun main() {
    val players = listOf(
        Player("Alex", "A"),
        Player("Ben", "B"),
        Player("Cal", "A"),
    )
    val grouped = players.groupBy { it.team }
    println(grouped)
    // {A=[Player(name=Alex, team=A),
    // Player(name=Cal, team=A)],
```

---

8 《Effective Kotlin 2/E》의 '아이템 56: groupBy 대신 groupingBy를 사용하는 걸 고려하라(Consider using groupingBy instead of groupBy)'에서 잘 설명하고 있습니다.

```
    // B=[Player(name=Ben, team=B)]}

    println(grouped.flatMap { it.value })
    // [Player(name=Alex, team=A), Player(name=Cal, team=A),
    // Player(name=Ben, team=B)]
}
```

맵으로 짝지우기

```
// 코틀린 표준 라이브러리에서 `associate`를 구현한 코드
inline fun <T, K, V> Iterable<T>.associate(
    transform: (T) -> Pair<K, V>
): Map<K, V> {
    val capacity = mapCapacity(collectionSizeOrDefault(10))
        .coerceAtLeast(16)
    val destination = LinkedHashMap<K, V>(capacity)
    for (element in this) {
        destination += transform(element)
    }
    return destination
}

// 코틀린 표준 라이브러리에서 `associateBy`를 구현한 코드
inline fun <T, K> Iterable<T>.associate(
    transform: (T) -> K
): Map<K, T> {
    val capacity = mapCapacity(collectionSizeOrDefault(10))
        .coerceAtLeast(16)
    val destination = LinkedHashMap<K, V>(capacity)
    for (element in this) {
        destination.put(keySelector(element), element)
    }
    return destination
}

// 코틀린 표준 라이브러리에서 `associateWith`를 구현한 코드
public inline fun <K, V> Iterable<K>.associateWith(
    valueSelector: (K) -> V
): Map<K, V> {
    val capacity = mapCapacity(collectionSizeOrDefault(10))
        .coerceAtLeast(16)
    val destination = LinkedHashMap<K, V>(capacity)
    for (element in this) {
        destination.put(element, valueSelector(element))
```

```
    }
    return destination
}
```

이터러블[9]을 맵으로 변환할 때는 assoicate 메서드를 사용합니다. 맵에서 원소는 키와 값으로 표현되므로 associate 메서드는 키-값의 쌍을 반환해야 합니다. 목록의 원소들을 새로운 맵의 '키'로 사용하고 싶다면 associate 대신 associateWith를 사용하는 것이 좋습니다. associateWith에서는 람다 표현식을 써서 각 키에 해당하는 '값'이 무엇인지 명시해야 합니다. 목록의 원소들을 새로운 맵의 '값'으로 사용하고 싶다면 associateBy를 사용하는 것이 좋습니다. 이 함수는 람다 표현식을 써서 각 값에 해당하는 '키'가 무엇인지 명시해야 합니다.

```
fun main() {
    val names = listOf("Alex", "Ben", "Cal")
    println(names.associate { it.first() to it.drop(1) })
    // {A=lex, B=en, C=al}
    println(names.associateWith { it.length })  // {Alex=4, Ben=3, Cal=3}
    println(names.associateBy { it.first() })   // {A=Alex, B=Ben, C=Cal}
}
```

 associateWith(op)는 associate { it to op(it) }과 동일하고, associateBy(op)는 associate { op(it) to it }과 동일합니다.

맵의 키는 유일해야 하므로 키가 같은 값이 추가되면 새로운 값이 이전 값을 대체합니다. 이전 값을 유지하고 싶다면 associateBy 메서드 대신 groupBy나 groupingBy 메서드를 사용하세요.

```
fun main() {
    val names = listOf("Alex", "Aaron", "Ada")
    println(names.associateBy { it.first() })  // {A=Ada}
    println(names.groupBy { it.first() })      // {A=[Alex, Aaron, Ada]}
}
```

9 List와 Set은 Iterable 인터페이스를 구현하기 때문에 이터러블입니다.

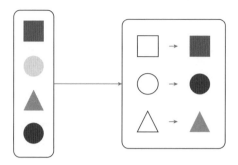

키들이 모두 고유하다면 associateWith의 결과는 keys 프로퍼티로 원본으로 되돌릴 수 있습니다. 마찬가지로 associateBy의 결과는 values 프로퍼티로 되돌릴 수 있습니다.

```
fun main() {
    val names = listOf("Alex", "Ben", "Cal")
    val aW = names.associateWith { it.length }
    println(aW.keys.toList() == names)    // true
    val aB = names.associateBy { it.first() }
    println(aB.values.toList() == names)  // true
}
```

> ✅ 원본(names)의 타입은 리스트인 데 반해, keys는 세트를 반환하고 values는 전용 컬렉션을 반환합니다. 그래서 서로 비교하려면 먼저 toList를 호출해 리스트로 변환해야 합니다.

리스트에서 특정 원소를 찾으려면 원소들을 하나씩 순회해야 합니다. 키로 값을 찾을 때는 내부적으로 해시 테이블을 사용하기 때문에 훨씬 효율적입니다. 따라서 원소 찾기를 최적화하는 목적으로 associateBy를 사용할 수 있습니다.[10]

```
fun produceUserOffers(
    offers: List<Offer>,
    users: List<User>
): List<UserOffer> {
```

---

10 《Effective Kotlin 2/E》의 '아이템 55: 원소들을 맵으로 짝짓는 걸 고려하라(Consider associating elements to a map)'에서 잘 설명하고 있습니다.

```
    // id로 사용자를 찾을 수 있는 맵을 만듭니다.
    val usersById = users.associateBy { it.id }
    return offers
        .map { createUserOffer(it, usersById[it.buyerId]) }
}
```

distinct와 distinctBy

```
// 코틀린 표준 라이브러리에서 `distict`를 구현한 코드
fun <T> Iterable<T>.distinct(): List<T> {
    return this.toMutableSet().toList()
}

inline fun <T, K> Iterable<T>.distinctBy(
    selector: (T) -> K
): List<T> {
    val set = HashSet<K>()
    val list = ArrayList<T>()
    for (e in this) {
        val key = selector(e)
        if (set.add(key))
    list.add(e)
    }
    return list
}
```

associate를 사용해 리스트를 맵으로 변환할 수 있음을 배웠습니다. 세트로 변환하기는 훨씬 쉽습니다. toSet 함수만 사용하면 되기 때문입니다. 세트는 맵보다는 리스트와 비슷한데, 핵심적인 차이는 중복을 허용하지 않는다는 점입니다.[11]

```
fun main() {
    val list: List<Int> = listOf(1, 2, 4, 2, 3, 1)
    val set: Set<Int> = list.toSet()
    println(set)  // [1, 2, 4, 3]
}
```

---

11 두 번째 차이는 세트는 원소들의 순서를 유지할 필요가 없다는 점입니다.

리스트인 채로 중복 원소를 제거하고 싶다면 distinct 메서드를 사용합니다. 이 메서드는 내부적으로 리스트를 세트로 변환한 다음, 다시 리스트로 되돌립니다. 결과적으로 중복 원소들이 모두 제거됩니다.

```kotlin
fun main() {
    val numbers = listOf(1, 2, 4, 2, 3, 1)
    println(numbers)              // [1, 2, 4, 2, 3, 1]
    println(numbers.distinct())   // [1, 2, 4, 3]

    val names = listOf("Marta", "Maciek", "Marta", "Daniel")
    println(names)                // [Marta, Maciek, Marta, Daniel]
    println(names.distinct())     // [Marta, Maciek, Daniel]
}
```

.distinct()

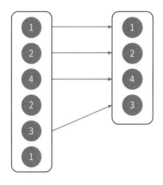

선택자(selector)를 사용하여 선택자가 반환한 값을 기준으로 원소들의 동일 여부를 판단하는 distinctBy를 사용할 수도 있습니다. 이 함수를 이용하면 두 값이 같은지를 결정하는 기준을 온전히 사용자가 정할 수 있습니다.

```kotlin
fun main() {
    val names = listOf("Marta", "Maciek", "Marta", "Daniel")
    println(names)   // [Marta, Maciek, Marta, Daniel]
    println(names.distinctBy { it[0] })      // [Marta, Daniel]
    println(names.distinctBy { it.length })  // [Marta, Maciek]
}
```

distinct는 리스트의 첫 번째 원소를 남기지만, associateBy는 마지막 원소를 남깁니다.

```kotlin
fun main() {
    val names = listOf("Marta", "Maciek", "Daniel")
    println(names)  // [Marta, Maciek, Daniel]
    println(names.distinctBy { it.length })             // [Marta, Maciek]
    println(names.associateBy { it.length }.values)  // [Marta, Daniel]
}
```

이 두 함수는 뜻하지 않게 원소가 중복되는 경우 주로 사용됩니다.

```kotlin
data class Person(val id: Int, val name: String) {
    override fun toString(): String = "$id: $name"
}

fun main() {
    val people = listOf(
        Person(0, "Alex"),
        Person(1, "Ben"),
        Person(1, "Carl"),
        Person(2, "Ben"),
        Person(0, "Alex"),
    )
    println(people.distinct())  // [0: Alex, 1: Ben, 1: Carl, 2: Ben]
    println(people.distinctBy { it.id })     // [0: Alex, 1: Ben, 2: Ben]
    println(people.distinctBy { it.name })  // [0: Alex, 1: Ben, 1: Carl]
}
```

연습문제: 프라임 접근 리스트

원소들을 맵으로 짝짓기는 성능 최적화 기법으로 사용될 수도 있습니다. 맵에서 키로 원소를 찾는 것이 리스트를 순회하는 것보다 훨씬 빠릅니다. 둘 간의 차이를 보기 위해 PrimeAccessRepository 클래스에 다음 메서드들을 구현하세요.

- isOnAllowList: 사용자가 허용 목록에 있다면(입력한 아이디를 가진 사용자의 allowList가 true로 설정된 경우) true를 반환하며, 없다면 false를 반환합니다.
- isOnDenyList: 사용자가 거부 목록에 있다면(입력한 아이디를 가진 사용자의 denyList가 true로 설정된 경우) true를 반환하며, 없다면 false를 반환합니다.

```kotlin
class PrimeAccessRepository(
    private val primeAccessList: PrimeAccessList
) {
    fun isOnAllowList(userId: String): Boolean = TODO()
    fun isOnDenyList(userId: String): Boolean = TODO()
}

class PrimeAccessList(
    val entries: List<PrimeAccessEntry>
)

class PrimeAccessEntry(
    val userId: String,
    val allowList: Boolean,
    val denyList: Boolean,
)
```

지정된 아이디의 사용자를 찾는 방법 두 가지를 구현하세요.

- 명단을 순회하면서 지정된 아이디의 사용자를 찾으세요.
- 클래스 본문에서 사용자 아이디를 기준으로 명단을 맵으로 만든 다음, 각 메서드 안에서 사용자 아이디로 엔트리를 찾으세요.

다음 코드를 사용해 두 방법의 효율을 비교하세요.

```kotlin
fun main() {
    val entries = List(200_000) {
        PrimeAccessEntry(
            userId = it.toString(),
            allowList = Random.nextBoolean(),
            denyList = Random.nextBoolean()
        )
    }.shuffled()
    val accessList = PrimeAccessList(entries)
    measureTimeMillis {
        val repo = PrimeAccessRepository(accessList)
    }.let { println("Class creation took $it ms") }

    measureTimeMillis {
        for (userId in 1L..10_000L) {
            repo.isOnAllowList(userId.toString())
        }
    }.let { println("Operation took $it ms") }
```

```
measureTimeMillis {
    for (userId in 1L..10_000L) {
        repo.isOnDenyList(userId.toString())
    }
}.let { println("Operation took $it ms") }
}
```

> ❗ 조심하세요! 이 코드와 같은 측정법은 정확하지 않습니다. 단지 두 방법에 차이가 있다는
> 걸 보여 주기 위해 준비한 코드입니다. 정확하게 측정하려면 JMH[12]와 같은 벤치마크[13] 라
> 이브러리를 사용해야 합니다.

연습문제 깃허브 저장소의 effective/collections/PrimeAccess.kt 파일에서 시작
코드 및 구현 결과의 성능을 확인할 수 있는 코드를 확인할 수 있습니다. 프로
젝트를 로컬 환경으로 클론하여 문제를 풀어 보세요.

정답은 책 뒤편의 '연습문제 해답'에서 확인할 수 있습니다.

sorted, sortedBy, sortedWith

컬렉션의 원소들을 특정한 순서로 구성하려면 정렬 함수인 sorted, sortedBy,
sortedWith를 사용합니다.

sorted는 원소들이 Comparable 인터페이스를 구현하고 자연적인 순서로 정
렬되는 리스트에만 사용할 수 있습니다. 자연적 순서를 가진 주요 타입들은 다
음과 같습니다.

- Int, Long, Double 등의 숫자 클래스들은 가장 낮은 수부터 높은 수로 정렬됩
  니다.
- Char는 내부적으로 UTF-16 코드의 숫자로 처리되므로, 두 문자를 비교하는
  건 코드를 비교하는 것과 똑같습니다. 문자는 알파벳 순서대로 정렬되며,
  대문자가 소문자보다 항상 앞섭니다. 공백은 모든 문자보다 앞에 옵니다.

---

12 JMH 홈페이지: *https://openjdk.org/projects/code-tools/jmh/*
13 (옮긴이) 벤치마크(benchmark)란 특정 대상(하드웨어 또는 소프트웨어 등)의 상대적인 성능을 측
  정하기 위해 수많은 표준 테스트를 수행하는 행위를 말합니다.

- 자연적 순서가 사전식 순서(사전에서 사용되는 알파벳 순서를 일반화한 순서)인 String은 첫 번째 문자부터 (Char 순서를 기준으로) 비교합니다. 두 문자가 같으면 다음 문자를 비교하여 순서를 정합니다.

- Boolean에서는 false가 true보다 앞섭니다. false와 true는 각각 0과 1을 나타내며, 숫자의 자연적 순서상 0이 1보다 앞에 오기 때문입니다.

```kotlin
fun main() {
    println(listOf(4, 1, 3, 2).sorted())                // [1, 2, 3, 4]
    println(listOf('b', 'A', 'a', ' ', 'B').sorted())  // [ , A, B, a, b]
    println(listOf("Bab", "AAZ", "Bza", "A").sorted())
    // [A, AAZ, Bab, Bza]
    println(listOf(true, false, true).sorted())
    // [false, true, true]
}
```

.sorted()

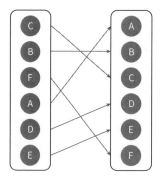

코틀린 표준 라이브러리의 정렬 함수는 정렬 순서가 동일한 원소들끼리는 순서가 바뀌지 않도록 구현되었습니다(안정 정렬 알고리즘이 사용되었다고 말합니다).

```kotlin
fun main() {
    val names = listOf("Ben", "Bob", "Bass", "Alex")
    val sorted = names.sortedBy { it.first() }
    println(sorted)  // [Alex, Ben, Bob, Bass]
}
```

리스트의 원소 순서를 뒤집으려면 reversed 메서드를 사용합니다.

```kotlin
fun main() {
    println(listOf(4, 1, 3, 2).reversed())  // [2, 3, 1, 4]
    println(listOf('C', 'B', 'F', 'A', 'D', 'E').reversed())
    // [E, D, A, F, B, C]
}
```

.reversed()

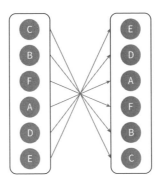

sorted와 reversed를 차례로 적용한 것과 같은 sortedDescending 함수를 사용
해도 정렬 순서를 뒤집을 수 있습니다.

```kotlin
fun main() {
    println(listOf(4, 1, 3, 2).sortedDescending())   // [4, 3, 2, 1]
    println(listOf(4, 1, 3, 2).sorted().reversed())  // [4, 3, 2, 1]

    println(
        listOf('b', 'A', 'a', ' ', 'B')
            .sortedDescending()
    )
    // [b, a, B, A, ]

    println(
        listOf("Bab", "AAZ", "Bza", "A")
            .sortedDescending()
    )
    // [Bza, Bab, AAZ, A]

    println(listOf(true, false, true).sortedDescending())
    // [true, true, false]
}
```

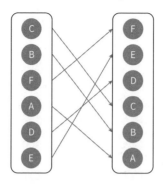

.sortedDescending()

프로퍼티 중 하나를 기준으로 정렬하고 싶다면, 선택자가 반환하는 값으로 원소를 정렬하는 sortedBy를 사용합니다. 예를 들어, 학생 목록을 학기 기준으로 정렬해야 한다면 학기 값을 읽는 선택자를 인수로 건네 sortedBy를 호출합니다.

```
// 학기로 학생들을 정렬합니다.
students.sortedBy { it.semester }
```

```
// 성으로 학생들을 정렬합니다.
students.sortedBy { it.surname }
```

다르게 표현하면, sortedBy는 정렬 기준이 되는 값을 선택자가 정의합니다. 물론 그 값은 비교 가능해야 합니다(Comparable<T> 인터페이스를 구현해야 합니다).

```
fun main() {
    val names = listOf("Alex", "Bob", "Celine")

    // 이름의 길이로 정렬합니다.
    println(names.sortedBy { it.length })  // [Bob, Alex, Celine]

    // 마지막 문자로 정렬합니다.
    println(names.sortedBy { it.last() })  // [Bob, Celine, Alex]
}
```

sortedBy와 달리 내림차순으로 정렬하는 대체 함수인 sortedByDescending도 있습니다.

```kotlin
fun main() {
    val names = listOf("Alex", "Bob", "Celine")

    // 이름의 길이로 정렬합니다.
    println(names.sortedByDescending { it.length })
    // [Celine, Alex, Bob]

    // 마지막 문자로 정렬합니다.
    println(names.sortedByDescending { it.last() })
    // [Alex, Celine, Bob]
}
```

다음은 sortedBy와 sortedByDescending 함수를 이용하여 사용자를 로그인 순으로, 뉴스는 보도 일자 순으로, 업무는 중요도 순으로 정렬한 예입니다.

```kotlin
// 로그인 순으로 정렬된 사용자들
val usersSorted = users
    .sortedBy { it.login }

// 최신 순으로 정렬된 뉴스
val newsFromLatest = news
    .sortedByDescending { it.publicationDate }

// 오래된 순으로 정렬된 뉴스
val newsFromOldest = news
    .sortedBy { it.publicationDate }

// 중요도 순으로 정렬된 업무
val tasksInOrder = tasks
    .sortedByDescending { it.priority }
```

sortedBy와 sortedByDescending의 선택자는 null 값도 허용합니다. null은 다른 어떤 값보다도 순위가 낮습니다.

```kotlin
fun main() {
    val people = listOf(
        Person(1, "Alex"),
        Person(null, "Ben"),
        Person(2, null),
    )
    println(people.sortedBy { it.id })    // [null: Ben, 1: Alex, 2: null]
    println(people.sortedBy { it.name })  // [2: null, 1: Alex, null: Ben]
}
```

둘 이상의 프로퍼티를 조합하여 정렬해야 할 때는 좀 더 복잡해집니다. 예를 들어, 사람들을 이름으로 정렬한다면 먼저 성으로 정렬한 다음, 성이 같은 사람들을 다시 이름으로 정렬하는 게 일반적입니다. 어떻게 구현하면 될까요? 성으로 먼저 정렬한 다음, 이름으로 정렬하면 올바른 결과를 얻을 수 있지만 정말 비효율적입니다. sortedWith를 사용하는 편이 훨씬 낫습니다.

sortedWith는 인수로 받은 비교자(comparator)를 이용해 정렬한 컬렉션을 반환하는 함수입니다. 비교자는 Comparator 인터페이스를 구현한 객체입니다.

```
fun interface Comparator<T> {
    fun compare(a: T, b: T): Int
}
```

많은 언어에서 비교자를 구현한 객체들을 활용하고 있습니다.

```
names.sortedWith(Comparator { o1, o2 ->
    when {
        o1.surname < o2.surname -> -1
        o1.surname > o2.surname -> 1
        o1.name < o2.name -> -1
        o1.name > o2.name -> 1
        else -> 0
    }
})
```

코틀린에서도 비교자를 사용할 수 있지만, 대부분은 표준 라이브러리의 최상위 함수 중 하나를 사용하는 편이 낫습니다. 예를 들어, compareBy로 하나의 선택자를 사용해 먼저 비교한 다음, 비교 결과가 같을 경우 다음 선택자를 사용해 비교하는 비교자를 만드는 식입니다. 이런 식으로 여러 개의 정렬 선택자를 가진 비교자를 만들어 사전식 정렬에 사용할 수 있습니다.

```
data class FullName(val name: String, val surname: String) {
    override fun toString(): String = "$name $surname"
}

fun main() {
    val names = listOf(
        FullName("B", "B"),
        FullName("B", "A"),
```

```
        FullName("A", "A"),
        FullName("A", "B"),
    )

    println(names.sortedBy { it.name })     // [A A, A B, B B, B A]
    println(names.sortedBy { it.surname })  // [B A, A A, B B, A B]
    println(names.sortedWith(compareBy(
        { it.surname },
        { it.name }
    )))
    // [A A, B A, A B, B B]
    println(names.sortedWith(compareBy(
        { it.name },
        { it.surname }
    )))
    // [A A, A B, B A, B B]
}
```

 sortedBy(selector)는 실제로 sortedWith(compareBy(selector))일 뿐입니다.

sortedWith와 compareBy에는 선택자를 원하는 수만큼 건넬 수 있기 때문에 복잡한 정렬도 정말 쉽게 할 수 있습니다.

```
return recommendations.sortedWith(
    compareBy(
        { it.blocked },      // 차단한 건 뒤로 보내고
        { !it.favourite },   // 선호하는 걸 앞으로 넣습니다.
        { calculateScore(it) },
    )
)
```

표준 라이브러리에는 다른 비교자를 만들 때 사용할 수 있는 다양한 함수가 있습니다. 다음 함수들을 사용해 새로운 비교자를 만들 수 있습니다.

- compareBy
- naturalOrder: 자연적 순서로 정렬합니다.
- reverseOrder: 자연적 순서와 반대로 정렬합니다.
- nullsFirst과 nullsLast: 자연적 순서를 사용하며, 널을 처음 또는 마지막에 위치시킵니다.

비교자가 이미 있다면 Comparator의 함수를 사용해 속성을 변경할 수 있습니다.

- then과 thenComparator: 이전 비교자에서 원소가 동일하다고 판단할 때 사용할 두 번째 비교자를 추가합니다.
- thenBy: 이전 비교자에서 원소가 동일하다고 판단할 때 선택자를 사용해 값을 비교합니다.
- reversed: 비교자의 순서를 반대로 적용합니다.

```
class Student(
    val name: String,
    val surname: String,
    val score: Double,
    val year: Int,
) {
    companion object {
        val ALPHABETICAL_ORDER =
            compareBy<Student>({ it.surname }, { it.name })
        val BY_SCORE_ORDER =
            compareByDescending<Student> { it.score }
        val BY_YEAR_ORDER =
            compareByDescending<Student> { it.year }
    }
}

fun presentStudentsForYearBook() = students
    .sortedWith(
        Student.BY_YEAR_ORDER.then(Student.ALPHABETICAL_ORDER)
    )

fun presentStudentsForTopScores() = students
    .sortedWith(
        Student.BY_YEAR_ORDER.then(Student.BY_SCORE_ORDER)
    )
```

가변 컬렉션 정렬하기

가변 컬렉션을 정렬할 때는 sort 메서드를 사용할 수 있습니다. 정렬된 리스트를 새로 만들어서 반환하는 대신 가변 리스트 자체를 수정하므로 전통적인 컬렉션 처리 방식이라 할 수 있습니다. sort를 sorted 메서드와 혼동하는 일이 많습니다. sort는 MutableList의 확장 함수이며, 리시버인 리스트 자체를 정렬하고 Unit을 반환합니다. 반면 sorted는 Iterable의 확장 함수이며, 리시버에는 손대지 않고 정렬된 컬렉션을 새로 만들어 반환합니다.

```kotlin
fun main() {
    val list = listOf(4, 2, 3, 1)
    val sortedRes = list.sorted()
    // list.sort()는 허용되지 않습니다.
    println(list)        // [4, 2, 3, 1]
    println(sortedRes)   // [1, 2, 3, 4]

    val mutableList = mutableListOf(4, 2, 3, 1)
    val sortRes = mutableList.sort()
    println(mutableList)  // [1, 2, 3, 4]
    println(sortRes)        // kotlin.Unit
}
```

한편 sortedBy, sortedByDescending, sortedWith와 각각 비슷하게 동작하는 sortBy, sortByDescending, sortWith 함수도 있습니다. 이러한 sortXxx 함수들은 모두 새로운 컬렉션을 반환하는 대신에 원본인 가변 컬렉션을 직접 변경합니다.

최댓값과 최솟값

컬렉션에서 가장 크거나 가장 작은 원소인 극값을 찾는 경우도 자주 있습니다. 원소들을 먼저 정렬하고 첫 번째 또는 마지막 값을 가져올 수도 있지만, 비효율적인 방법입니다. 대신에 'max' 또는 'min' 접두사로 시작하는 함수를 사용합시다.

원소들의 자연적 순서를 사용해 극값을 찾을 때는 maxOrNull 또는 minOrNull을 사용합니다. 두 함수 모두 컬렉션이 비어 있다면 null을 반환합니다.

```kotlin
fun main() {
    val numbers = listOf(1, 6, 2, 4, 7, 1)
    println(numbers.maxOrNull())  // 7
    println(numbers.minOrNull())  // 1
}
```

선택자를 지정하여 극값을 찾을 때는 (sortedBy와 비슷하게) maxByOrNull 또는 minByOrNull을 사용합니다.

```kotlin
data class Player(val name: String, val score: Int)

fun main() {
    val players = listOf(
        Player("Jake", 234),
        Player("Megan", 567),
        Player("Beth", 123),
    )

    println(players.maxByOrNull { it.score })
    // Player(name=Megan, score=567)
    println(players.minByOrNull { it.score })
    // Player(name=Beth, score=123)
}
```

비교자를 이용해 극값을 찾을 수도 있습니다. 이 경우에는 maxWithOrNull 또는 minWithOrNull을 사용합니다.

```kotlin
data class FullName(val name: String, val surname: String)

fun main() {
    val names = listOf(
        FullName("B", "B"),
        FullName("B", "A"),
        FullName("A", "A"),
        FullName("A", "B"),
    )

    println(
        names
            .maxWithOrNull(compareBy(
                { it.surname },
                { it.name }
            ))
    )
    // FullName(name=B, surname=B)
    println(
        names
            .minWithOrNull(compareBy(
                { it.surname },
```

```
            { it.name }
        ))
    )
    // FullName(name=A, surname=A)
}
```

한편 원소의 특정 프로퍼티 값 중 극값이 궁금한 경우도 있습니다. 즉, 프로퍼티가 극값인 원소가 아니라, 프로퍼티의 극값 자체가 궁금한 상황을 말합니다. 예를 들어, 최고점을 받은 학생이 아니라 최고점이 몇인지를 알고 싶은 경우가 있습니다. 학생들을 점수로 매핑한 다음 최댓값을 찾을 수도 있고, 가장 높은 점수를 받은 학생을 찾은 다음 점수를 확인할 수도 있습니다. 하지만 두 방법 모두 불필요한 연산을 수행합니다. 대신에 점수를 추출하는 선택자를 지정해 maxOfOrNull 또는 minOfOrNull을 호출해야 합니다(컬렉션이 비어 있지 않다고 확신한다면 maxOf/minOf를 사용할 수 있습니다).

```
data class Player(val name: String, val score: Int)

fun main() {
    val players = listOf(
        Player("Jake", 234),
        Player("Megan", 567),
        Player("Beth", 123),
    )

    println(players.map { it.score }.maxOrNull())      // 567
    println(players.maxByOrNull { it.score }?.score)    // 567
    println(players.maxOfOrNull { it.score })           // 567
    println(players.maxOf { it.score })                 // 567

    println(players.map { it.score }.minOrNull())      // 123
    println(players.minByOrNull { it.score }?.score)    // 123
    println(players.minOfOrNull { it.score })           // 123
    println(players.minOf { it.score })                 // 123
}
```

shuffled와 random

지금까지는 원소들을 정렬하는 법을 배웠으니, 이제 섞는 법을 알아봅시다. 컬렉션에서 임의의 원소를 얻으려면 random을 사용합니다(컬렉션이 비어 있을 수 있다면 randomOrNull을 사용합니다). 이터러블 객체를 섞을 때(순서를 무작위로 만들 때)는 shuffled를 사용합니다. 두 함수 모두 Random 객체를 인수로 받을 수 있습니다.

```kotlin
import kotlin.random.Random

fun main() {
    val range = (1..100)
    val list = range.toList()

    // random은 컬렉션을 필요로 합니다.
    println(list.random())          // 1에서 100 사이의 무작위수
    println(list.randomOrNull())    // 1에서 100 사이의 무작위수

    println(list.random(Random(123)))        // 7
    println(list.randomOrNull(Random(123)))  // 7
    println(range.shuffled())       // 무작위로 섞인 숫자 리스트
}

data class Character(val name: String, val surname: String)

fun main() {
    val characters = listOf(
        Character("Tamara", "Kurczak"),
        Character("Earl", "Gey"),
        Character("Ryba", "Luna"),
        Character("Cookie", "DePies"),
    )
    println(characters.random())
    // Character(name=Ryba, surname=Luna)처럼
    // 무작위로 뽑힌 캐릭터
    println(characters.shuffled())  // 무작위로 섞인 캐릭터 리스트
}
```

연습문제: 컬렉션 처리 리팩터링

다음 코드에서 고전적인 자바 기술을 사용하여 컬렉션을 복잡하게 처리한 부분을 찾을 수 있을 것입니다. 이번 과제는 코틀린의 컬렉션 처리 함수를 사용해 리팩터링하는 것입니다. 이 함수의 목적은 인턴 중 가장 우수한 학생을 찾는 것입니다.

```kotlin
fun List<StudentGrades>.getBestForScholarship(
    semester: String
): List<StudentGrades> {
    val students = this
    var candidates = mutableListOf<StudentGrades>()
    for (s in students) {
        var ectsPointsGained = 0
        for (g in s.grades) {
            if (g.semester == semester && g.passing) {
                ectsPointsGained += g.ects
            }
        }
        if (ectsPointsGained > 30) {
            candidates.add(s)
        }
    }
    Collections.sort(candidates, { s1, s2 ->
        val difference =
            averageGradeFromSemester(s2, semester) -
                averageGradeFromSemester(s1, semester)
        if (difference > 0) 1 else -1
    })
    val best = mutableListOf<StudentGrades>()
    for (i in 0 until 10) {
        val next = candidates.getOrNull(i)
        if (next != null) {
            best.add(next)
        }
    }
    return best
}

private fun averageGradeFromSemester(
    student: StudentGrades,
    semester: String
): Double {
    var sum = 0.0
    var count = 0
    for (g in student.grades) {
        if (g.semester == semester) {
            sum += g.grade
            count++
        }
    }
    return sum / count
}
```

```
data class Grade(
    val passing: Boolean,
    var ects: Int,
    var semester: String,
    var grade: Double
)

data class StudentGrades(
    val studentId: String,
    val grades: List<Grade>
)
```

함수의 동작에는 변화가 없도록 리팩터링하세요.

힌트: 리스트에 담긴 모든 수의 평균은 average 함수로 구할 수 있습니다.

연습문제 깃허브 저장소의 functional/collections/StudentGradesInternship.
kt 파일에서 시작 코드와 단위 테스트를 확인할 수 있습니다. 프로젝트를 로컬
환경으로 클론하여 문제를 풀어 보세요.

정답은 책 뒤편의 '연습문제 해답'에서 확인할 수 있습니다.

zip과 zipWithNext

zip은 두 컬렉션에서 같은 위치의 원소들을 쌍으로 묶어 줍니다. List<T1>과
List<T2>를 zip으로 묶으면 List<Pair<T1, T2>>를 반환합니다. 원본 컬렉션 중
짧은 쪽이 끝날 때까지를 결과 리스트로 반환합니다.

```
fun main() {
    val nums = 1..4
    val chars = 'A'..'F'
    println(nums.zip(chars))  // [(1, A), (2, B), (3, C), (4, D)]

    val winner = listOf(
        "Ashley",
        "Barbara",
        "Cyprian",
        "David",
    )
    val prices = listOf(5000, 3000, 1000)
    val zipped = winner.zip(prices)
    println(zipped)  // [(Ashley, 5000), (Barbara, 3000), (Cyprian, 1000)]
```

```
    zipped.forEach { (person, price) ->
        println("$person won $price")
    }
    // Ashley won 5000
    // Barbara won 3000
    // Cyprian won 1000
}
```

nums.*zip*(chars)

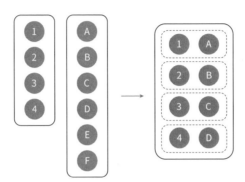

✅ zip 함수는 폴란드의 전통 춤인 폴로네즈를 떠올리게 합니다. 폴로네즈는 쌍을 이룬 줄이 중간에서 갈라진 뒤, 다시 만나 쌍을 이루는 모습이 특징적입니다.

안제예 바다(Andrzej Wajda)가 감독한 영화 〈판 타데우시(Pan Tadeusz)〉에서 폴로네즈 춤이 등장합니다.

원소 각각이 하나의 쌍인 리스트를 리스트의 쌍으로 변환하는 unzip 함수를 이용하면 zip의 결과를 되돌릴 수 있습니다.

```
fun main() {
    // zip은 중위 표기법으로 사용할 수도 있습니다.
    val zipped = (1..4) zip ('a'..'d')
    println(zipped)    // [(1, a), (2, b), (3, c), (4, d)]
    val (numbers, letters) = zipped.unzip()
    println(numbers)  // [1, 2, 3, 4]
    println(letters)  // [a, b, c, d]
}
```

하나의 컬렉션에서 인접한 원소들을 쌍으로 짝짓고 싶을 때는 zipWithNext를
사용합니다.

```
fun main() {
    println((1..4).zipWithNext())  // [(1, 2), (2, 3), (3, 4)]

    val person = listOf(
        "Ashley",
        "Barbara",
        "Cyprian",
    )
    println(person.zipWithNext())
    // [(Ashley, Barbara), (Barbara, Cyprian)]
}
```

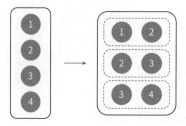

.zipWithNext()

원소들의 쌍으로 구성된 리스트 대신, 변환 함수의 결괏값을 원소로 갖는 리스
트를 생성하는 zipWithNext도 있습니다.

```
fun main() {
    val person = listOf("A", "B", "C", "D", "E")
    println(person.zipWithNext { prev, next -> "$prev$next" })
    // [AB, BC, CD, DE]
}
```

윈도잉(windowing)

인접한 원소들을 묶어 컬렉션들로 만들어 주는 범용 메서드로 windowed가 있습니다. windowed는 원본 리스트의 서브리스트들로 구성된 리스트를 반환합니다. 보통 인수를 두 개 받는데, size는 서브리스트의 크기를 뜻하고, step은 다음 원소를 찾기 위해 이동하는 거리를 뜻합니다. 간단하게 말하면, windowed는 마트(원본 리스트)에 들어가 step 걸음마다 용량이 size인 카트(서브리스트)를 배치하고, 카드들을 쭉 밀면서 상품(원소)들을 채우는 모습에 비유할 수 있습니다. 이때 서브리스트들은 원소의 복사본을 담게 되며, 남은 원소의 수가 size보다 작다면 서브리스트를 만들지 않습니다. 즉, windowed의 결과에 원소 개수가 size보다 적은 서브리스트는 포함되지 않습니다. 남은 원소가 하나라도 있다면 서브리스트로 만들고 싶을 수도 있습니다. 그럴 때는 세 번째 인수인 partialWindows를 true로 설정해 줍니다.

.*windowed*(size = 2, step = 2)

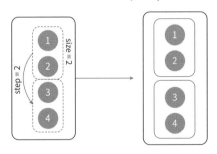

.*windowed*(size = 2, step = 1)

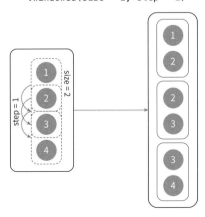

```kotlin
fun main() {
    val person = listOf(
        "Ashley",
        "Barbara",
        "Cyprian",
        "David",
    )
    println(person.windowed(size = 1, step = 1))
    // [[Ashley], [Barbara], [Cyprian], [David]]
    // map { listOf(it) }과 비슷합니다.

    println(person.windowed(size = 2, step = 1))
    // [[Ashley, Barbara], [Barbara, Cyprian],
    // [Cyprian, David]]
    // zipWithNext().map { it.toList() }와 비슷합니다.

    println(person.windowed(size = 1, step = 2))
    // [[Ashley], [Cyprian]]

    println(person.windowed(size = 2, step = 2))
    // [[Ashley, Barbara], [Cyprian, David]]

    println(person.windowed(size = 3, step = 1))
    // [[Ashley, Barbara, Cyprian], [Barbara, Cyprian, David]]

    println(person.windowed(size = 3, step = 2))
    // [[Ashley, Barbara, Cyprian]]

    println(
        person.windowed(
            size = 3,
            step = 1,
            partialWindows = true
        )
    )
    // [[Ashley, Barbara, Cyprian], [Barbara, Cyprian, David],
    // [Cyprian, David], [David]]

    println(
        person.windowed(
            size = 3,
            step = 2,
            partialWindows = true
        )
    )
    // [[Ashley, Barbara, Cyprian], [Cyprian, David]]
}
```

windowed 메서드는 정말 다양하게 응용할 수 있으면서 그만큼 복잡합니다. 다음의 chunked는 windowed를 기반으로 만든 함수입니다.

```
// 코틀린 표준 라이브러리의 `chunked` 구현
fun <T> Iterable<T>.chunked(size: Int): List<List<T>> =
    windowed(size, size, partialWindows = true)
```

chunked는 원본 컬렉션을 서브컬렉션인 청크[14]로 분해합니다. 서브컬렉션의 크기는 인수로 설정합니다. 원소를 누락하는 일은 없으므로, 마지막 청크는 인수 값보다 크기가 작을 수 있습니다.

```
fun main() {
    val person = listOf(
        "Ashley",
        "Barbara",
        "Cyprian",
        "David",
    )
    println(person.chunked(1))
    // [[Ashley], [Barbara], [Cyprian], [David]]
    println(person.chunked(2))  // [[Ashley, Barbara], [Cyprian, David]]
    println(person.chunked(3))  // [[Ashley, Barbara, Cyprian], [David]]
    println(person.chunked(4))  // [[Ashley, Barbara, Cyprian, David]]
}
```

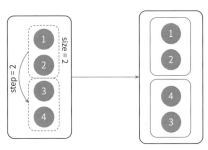

.chunked(2)

---

14 (옮긴이) 청크(chunk)는 서로 밀접한 원소들의 모음을 말합니다.

joinToString

이터러블을 문자열로 변환하려 할 때 toString만으로 충분하지 않다면 joinToString 함수를 사용해 볼 수 있습니다. 가장 간단한 형태로 사용하면 단순히 모든 원소를 쉼표로 구분하여 연결해 줍니다. 그리고 다음의 선택적 인수들을 활용하면 자유롭게 커스터마이징할 수 있습니다.

- separator: 각각의 값 사이에 들어갈 구분자(기본값은 ", ")
- prefix: 문자열의 시작 위치에 들어갈 문자열(기본값은 "")
- postfix: 문자열의 끝에 들어갈 문자열(기본값은 "")
- limit: 출력할 원소의 최대 개수(기본값은 –1, '제한이 없다'는 뜻)
- truncated: limit으로 설정한 최대 개수를 넘어서면 나머지 원소들 대신에 표시할 문자열(기본값은 "...")
- transform: 각 원소를 문자열로 변환해 주는 함수(기본값은 toString)

 컬렉션이 비어 있더라도 prefix와 postfix는 출력됩니다.

```kotlin
fun main() {
    val names = listOf("Maja", "Norbert", "Ola")
    println(names.joinToString())
    // Maja, Norbert, Ola
    println(names.joinToString { it.uppercase() })
    // MAJA, NORBERT, OLA
    println(names.joinToString(separator = "; "))
    // Maja; Norbert; Ola
    println(names.joinToString(limit = 2))
    // Maja, Norbert, ...
    println(names.joinToString(limit = 2, truncated = "etc."))
    // Maja, Norbert, etc.
    println(
        names.joinToString(
            prefix = "{names=[",
            postfix = "]}"
        )
    )
    // {names=[Maja, Norbert, Ola]}
}
```

Map, Set, String 처리

지금까지 보여 준 함수 대부분은 Collection 또는 Iterable의 확장 함수이므로, List뿐 아니라 Set에도 사용할 수 있습니다. 그런데 컬렉션의 또 다른 중요한 데이터 구조인 Map도 있습니다. Map은 Collection이나 Iterable을 구현하지 않으므로, 커스텀한 컬렉션 처리 함수가 필요합니다. 물론 맵 역시 다양한 처리 함수를 갖추고 있습니다! 지금까지 살펴본 대부분의 함수가 Map 인터페이스에도 적절히 커스텀된 형태로 정의되어 있습니다.

```
val names = mapOf("A" to "Alex", "B" to "Ben")
names.
 maxOf {...} (selector: (Map.Entry<String, String>) -> Float) for Map<out K, V> in kotlin.c…  Float
 maxOf {...} (selector: (Map.Entry<String, String>) -> Double) for Map<out K, V> in kotlin…  Double
 maxOfOrNull {...} (selector: (Map.Entry<String, String>) -> R) for Map<out K, V> in kotlin.co…  R?
 maxOfOrNull {...} (selector: (Map.Entry<String, String>) -> Float) for Map<out K, V> in k…  Float?
 maxOfOrNull {...} (selector: (Map.Entry<String, String>) -> Double) for Map<out K, V> in…  Double?
 maxOfWith(comparator: Comparator<in R> /* = Comparator<in R> */, selector: (Map.Entry<String, …  R
 maxOfWithOrNull(comparator: Comparator<in R> /* = Comparator<in R> */, selector: (Map.Entry<S…  R?
 maxWithOrNull(comparator: Comparator<in Map.Entry<String, String>> /*…  Map.Entry<String, String>?
 minByOrNull {...} (selector: (Map.Entry<String, String>) -> R) for Ma…  Map.Entry<String, String>?
 minOf {...} (selector: (Map.Entry<String, String>) -> R) for Map<out K, V> in kotlin.collectio…  R
 minOf {...} (selector: (Map.Entry<String, String>) -> Float) for Map<out K, V> in kotlin.c…  Float
 minOf {...} (selector: (Map.Entry<String, String>) -> Double) for Map<out K, V> in kotlin…  Double
 minOfOrNull {...} (selector: (Map.Entry<String, String>) -> R) for Map<out K, V> in kotlin.co…  R?
 minOfOrNull {...} (selector: (Map.Entry<String, String>) -> Float) for Map<out K, V> in k…  Float?
 minOfOrNull {...} (selector: (Map.Entry<String, String>) -> Double) for Map<out K, V> in…  Double?
 minOfWith(comparator: Comparator<in R> /* = Comparator<in R> */, selector: (Map.Entry<String, …  R
 minOfWithOrNull(comparator: Comparator<in R> /* = Comparator<in R> */, selector: (Map.Entry<S…  R?
 minWithOrNull(comparator: Comparator<in Map.Entry<String, String>> /*…  Map.Entry<String, String>?
 minus(key: String) for Map<out K, V> in kotlin.collections          Map<String, String>
 minus(keys: Iterable<String>) for Map<out K, V> in kotlin.collections    Map<String, String>
 minus(keys: Sequence<String>) for Map<out K, V> in kotlin.collections    Map<String, String>
 minus(keys: Array<out String>) for Map<out K, V> in kotlin.collections   Map<String, String>
 none () for Map<out K, V> in kotlin.collections                      Boolean
 none {...} (predicate: (Map.Entry<String, String>) -> Boolean) for Map<out K, V> in kotl…  Boolean
Press ^. to choose the selected (or first) suggestion and insert a dot afterwards Next Tip
```

맵의 원소는 키-값 쌍이라는 점이 다른 컬렉션 처리 메서드와 차이가 생기는 이유입니다. 따라서 맵 처리 함수에서는 함수형 인수(프레디키트, 변환 함수, 선택자)가 다루는 대상이 값이 아닌 엔트리(Map.Entry 인터페이스)입니다. 맵의 엔트리는 키와 값 모두를 담고 있습니다. (mapValues 또는 mapKey처럼) 키 또는 값 하나만 명시해서 변환하지 않는다면 (map과 flatMap처럼) 값을 변환할 때의 결과 타입은 List가 됩니다.

```
data class User(val id: Int, val name: String)

fun main() {
    val names: Map<Int, String> =
```

```
        mapOf(0 to "Alex", 1 to "Ben")
    println(names)  // {0=Alex, 1=Ben}

    val users: List<User> = names
        .map { User(it.key, it.value) }
    println(users)  // [User(id=0, name=Alex), User(id=1, name=Ben)]

    val usersById: Map<Int, User> = users
        .associateBy { it.id }
    println(usersById)
    // {0=User(id=0, name=Alex), 1=User(id=1, name=Ben)}

    val namesById: Map<Int, String> = usersById
        .mapValues { it.value.name }
    println(names)  // {0=Alex, 1=Ben}

    val usersByName: Map<String, User> = usersById
        .mapKeys { it.value.name }
    println(usersByName)
    // {Alex=User(id=0, name=Alex), Ben=User(id=1, name=Ben)}
}
```

컬렉션 처리에서 String 역시 중요한 타입입니다. String은 문자의 컬렉션으로
볼 수도 있지만 Iterable이나 Collection을 구현하지는 않았습니다. 그래도 문
자열을 처리하기 위해 String에도 대부분의 컬렉션 처리 함수가 구현되어 있
습니다. String은 이 외에도 수많은 연산을 지원하는데, 이에 대해서는 시리즈
세 번째 책인 《코틀린 아카데미: 고급편》에서 자세히 설명합니다.

```
val name: String = "Norbert"
name.
  ● all {...} (predicate: (Char) -> Boolean) for CharSequence in kotlin.text               Boolean
  ● any() for CharSequence in kotlin.text                                                  Boolean
  ● any {...} (predicate: (Char) -> Boolean) for CharSequence in kotlin.text               Boolean
  ● asIterable() for CharSequence in kotlin.text                                     Iterable<Char>
  ● asSequence() for CharSequence in kotlin.text                                     Sequence<Char>
  ● associate {...} (transform: (Char) -> Pair<K, V>) for CharSequence in kotlin.text    Map<K, V>
  ● associateBy {...} (keySelector: (Char) -> K) for CharSequence in kotlin.text       Map<K, Char>
  ● associateBy(keySelector: (Char) -> K, valueTransform: (Char) -> V) for CharSequence in… Map<K, V>
  ● associateByTo(destination: M, keySelector: (Char) -> K) for CharSequence in kotlin.text      M
  ● associateByTo(destination: M, keySelector: (Char) -> K, valueTransform: (Char) -> V) for CharS…  M
  ● associateTo(destination: M, transform: (Char) -> Pair<K, V>) for CharSequence in kotlin.text  M
  ● associateWith {...} (valueSelector: (Char) -> V) for CharSequence in kotlin.text   Map<Char, V>
  ● associateWithTo(destination: M, valueSelector: (Char) -> V) for CharSequence in kotlin.text   M
  ● chunked(size: Int) for CharSequence in kotlin.text                                 List<String>
  ● chunked(size: Int, transform: (CharSequence) -> R) for CharSequence in kotlin.text      List<R>
```

컬렉션 처리 함수를 모두 함께 사용하기

컬렉션 처리 파이프라인은 컬렉션 처리 함수들을 연이어 호출하는 형태로 이루어집니다. 실용적인 예를 몇 개 보겠습니다. 대학에서 학생들의 인턴십 지원서를 쓴다고 가정합시다.

인턴십에 적합한 학생들을 선별해야 합니다. 조건은 모든 학기를 마치고 학점 평균이 4.0 이상인 학생입니다. 조건을 만족하는 학생 중 성적이 높은 순으로 10명을 뽑아 이름 기준으로 정렬합니다. 마지막으로는 출력 가능한 리스트를 만듭니다. 다음은 이 모든 처리 과정을 구현한 코드입니다.

```
students.filter { it.passing && it.averageGrade > 4.0 }
    .sortByDescending { it.averageGrade }
    .take(10)
    .sortedWith(compareBy({ it.surname }, { it.name }))
    .joinToString(separator = "\n") {
        "${it.name} ${it.surname}"
    }
```

문제를 조금 더 복잡하게 만들어 봅시다. 학생들에게 적합한 인턴십 수당을 할당해야 한다고 생각해 봅시다. 학생들을 정렬한 뒤, zip 함수를 써서 가장 뛰어난 학생들을 위해 준비된 인턴십과 짝지어 봅시다.

```
students.filter { it.passing && it.averageGrade > 4.0 }
    .sortedByDescending { it.averageGrade }
    .zip(INTERNSHIPS)
    .sortedWith(
        compareBy(
            { it.first.surname },
            { it.first.name }
        )
    )
    .joinToString(separator = "\n") { (student, internship) ->
        "${student.name} ${student.surname}, $$internship"
    }

private val INTERNSHIPS =
    List(5) { 5_000 } + List(10) { 3_000 }
```

학생들을 각 그룹에 무작위로 배정하려면 shuffled와 chunked를 사용합니다.

```
students.shuffled()
    .chunked(GROUP_SIZE)
```

각 그룹에서 가장 뛰어난 결과를 낸 학생을 찾으려면 groupBy와 maxByOrNull을 사용합니다.

```
students.groupBy { it.group }
    .map { it.values.maxByOrNull { it.result } }
```

지금까지 보여드린 예는 몇 개 되지 않지만, 규모가 큰 코틀린 프로젝트들을 훑어보면 컬렉션 처리를 활용하는 예를 쉽게 찾을 수 있을 것입니다. 코틀린이 제공하는 컬렉션 처리 함수들 덕에 코틀린은 전통적으로 파이썬의 영역이었던 데이터 과학으로까지 영역을 확장했습니다. 난해한 코딩 과제들도 코틀린으로 작성하기가 쉽고 자연스러워졌습니다. 컬렉션 처리 함수는 분야에 상관없이 다양한 용도로 쓰입니다. 여러분도 이번 장에서 배운 함수들을 적재적소에서 유용하게 활용할 수 있기를 바랍니다.

연습문제: 합격한 학생 목록

이번 학기에 15점 이상을 얻고 결과 점수(result)가 50 이상인 학생들의 목록을 하나의 문자열로 출력하는 makePassingStudentsListText 함수를 구현하세요. 정렬 기준은 이름이며(성으로 정렬한 다음, 성이 같으면 이름으로 정렬), "이름 성, 결과" 형태로 한 줄에 한 명씩 출력하도록 작성하세요.

```
fun List<Student>.makePassingStudentsList(): String = TODO()

data class Student(
    val name: String,
    val surname: String,
    val result: Double,
    val pointsInSemester: Int
)
```

연습문제 깃허브 저장소의 functional/collections/PassingStudents.kt 파일에서 시작 코드와 단위 테스트를 확인할 수 있습니다. 프로젝트를 로컬 환경으로 클론하여 문제를 풀어 보세요.

정답은 책 뒤편의 '연습문제 해답'에서 확인할 수 있습니다.

연습문제: 가장 뛰어난 학생 목록(어려움)

인턴십을 받을 수 있는 가장 뛰어난 학생 10명을 출력하는 makeBestStudentsList를 구현하세요. 비교 기준은 결과 점수(result)입니다(점수가 높은 학생이 더 뛰어납니다). 인턴십을 받으려면 이번 학기에 최소 30점을 받았어야 하며, 결과 점수는 80점 이상이어야 합니다. 가장 뛰어난 학생에게는 $5000를, 다음 3명에게는 $3000를, 그다음 6명에게는 $1000의 수당을 줍니다. 하나의 문자열로 출력하되, 정렬 기준은 이름이며(성으로 정렬한 다음, 성이 같으면 이름으로 정렬), "이름 성, $수당" 형태로 한 줄에 한 명씩 출력하세요.

시작 코드는 다음과 같습니다.

```kotlin
fun List<Student>.makeBestStudentsList(): String = TODO()

data class Student(
    val name: String,
    val surname: String,
    val result: Double,
    val pointsInSemester: Int
)
```

연습문제 깃허브 저장소의 functional/collections/BestStudents.kt 파일에서 시작 코드와 단위 테스트를 확인할 수 있습니다. 프로젝트를 로컬 환경으로 클론하여 문제를 풀어 보세요.

정답은 책 뒤편의 '연습문제 해답'에서 확인할 수 있습니다.

9장

F u n c t i o n a l　K o t l i n

시퀀스

코틀린의 컬렉션 처리 방식이 모든 상황에 적합한 것은 아닙니다. 컬렉션은 효율을 위해 모든 원소를 메모리로 읽어 들인 후 원소들에 직접 접근합니다. 또한 map과 filter 같은 함수는 새로운 컬렉션을 생성합니다. 결과가 컬렉션으로 나오면 곧바로 저장하거나 사용하기 편리하므로 유용한 경우가 많습니다. 하지만 규모가 큰 컬렉션을 복잡하게 처리하는 상황에서는 적합하다고 볼 수 없습니다. 이런 경우라면 전체 과정을 책임지는 '단일 구조'에서 처리 단계 모두를 기술하는 편이 메모리 사용량과 연산량 측면에서 더 효율적입니다. 시퀀스 (sequence)가 바로 그 단일 구조입니다.[1]

극단적인 예를 하나 보여드리겠습니다. 엄청난 크기의 파일에서 문자 수를 세야 합니다. 컬렉션 처리로는 다음처럼 구현할 수 있습니다.

```kotlin
val size = File("huge.file")
    .readLines()
    .sumOf { it.length }
```

---

1 오웬 그리피스(Owen Griffiths)에 따르면 시퀀스가 탄생한 역사적 배경은 다음과 같습니다. 시퀀스는 원래 하스켈과 같은 순수한 함수형 언어에서 지원하던 '리스트 퓨전(list fusion)'이란 기능이었습니다. 리스트 퓨전은 합칠 수 있는 함수들을 하나로 합쳐서 메모리를 좀 더 할당하는 대신 효율을 개선하는 역할을 했습니다. JVM판 리스프인 클로저에서는 이를 트랜스듀서(Transducers, 변환기)라고 합니다.

readLines 함수는 파일의 모든 줄을 하나의 리스트에 담아 반환합니다. 파일이 크다면 이 리스트 역시 클 수밖에 없습니다. 이 모두를 메모리에 할당하는 일은 비용이 들 뿐만 아니라 OutOfMemoryError도 유발할 수 있습니다. 이럴 때는 파일을 한 줄씩 읽고 처리하는 useLines 함수가 더 나은 선택입니다. 더 빠를 뿐 아니라 메모리 측면에서도 안전합니다.

```
val size = File("huge.file").useLines {
    s.sumOf { it.length }
}
```

이는 시퀀스가 어떻게 사용될 수 있는지를 보여 주는 하나의 예일뿐입니다. 시퀀스는 코틀린에서 아주 중요한 개념이니 자세히 살펴봅시다.

시퀀스란 무엇인가?

사람들은 Iterable과 Sequence에 차이가 있다는 사실을 잊곤 합니다. 두 인터페이스의 정의가 거의 똑같기 때문에 헷갈릴 만합니다.

```
interface Iterable<out T> {
    operator fun iterator(): Iterator<T>
}

interface Sequence<out T> {
    operator fun iterator(): Iterator<T>
}
```

두 인터페이스의 형식적인 차이는 이름뿐이라고 말할 수 있습니다. 둘 모두 for 문에서 객체를 순회할 수 있도록 해 주는 이터레이터 타입입니다. Iterable과 Sequence는 완전히 다른 방식(명세)을 가진 개념이기 때문에 거의 모든 처리 함수들 또한 다르게 동작합니다. Sequence는 게으르기(lazy) 때문에 (filter나 map처럼) Sequence를 처리하는 중간 함수들은 어떠한 연산도 수행하지 않습니다. 대신에 이전 시퀀스에 연산을 덧붙인 새로운 Sequence를 반환합니다. 모든 연산은 toList()나 count() 같은 최종 연산에서 실행됩니다. 반면에 (Iterable에 호출되는) 컬렉션 처리 함수는 열정적(eager)입니다. 모든 연산을 '즉시' 실행하고 새로운 컬렉션(주로 List)을 반환합니다.

```
public inline fun <T> Iterable<T>.filter(
    predicate: (T) -> Boolean
): List<T> {
    return filterTo(ArrayList<T>(), predicate)
}

public fun <T> Sequence<T>.filter(
    predicate: (T) -> Boolean
): Sequence<T> {
    return FilteringSequence(this, true, predicate)
}
```

컬렉션 처리 연산들은 호출되는 즉시 실행됩니다. Sequence 처리 함수들은 최종 연산(Sequence 대신 다른 무언가를 반환하는 연산)이 호출되기 전에는 실행되지 않습니다. 예를 들어 시퀀스에서 filter는 중간 연산이므로 어떤 연산도 수행하지 않습니다. 대신에 시퀀스에 새로운 처리 단계를 덧붙입니다. 그러다가 toList() 같은 최종 연산이 호출될 때 모든 계산 과정이 실행됩니다. 시퀀스 연산들은 이런 원리로 지연 실행됩니다.

시퀀스 처리는 중간 연산과 최종 연산, 두 종류의 연산으로 구성됩니다. 중간 연산은 앞 단계에 이어서 수행할 새로운 동작이 추가된 새로운 시퀀스를 반환합니다. 모든 처리 과정은 시퀀스가 아닌 무언가를 반환하는 최종 연산에서 실행됩니다.

```
fun main() {
    val seq = sequenceOf(1, 2, 3)
    val filtered = seq.filter { print("f$it "); it % 2 == 1 }
    println(filtered)  // FilteringSequence@...

    val asList = filtered.toList()  // 최종 연산
    // f1 f2 f3
    println(asList)  // [1, 3]

    val list = listOf(1, 2, 3)
    val listFiltered = list
        .filter { print("f$it "); it % 2 == 1 }
    // f1 f2 f3
    println(listFiltered)  // [1, 3]
}
```

시퀀스가 지연 연산이라서 얻는 장점은 다음과 같습니다.

- 연산이 자연적 순서로 이뤄집니다.
- 연산을 최소한으로 수행합니다.
- 원소를 무제한으로 가질 수 있습니다.
- 메모리를 더 효율적으로 씁니다.

장점들을 하나씩 자세히 살펴봅시다.

순서가 중요하다

이터러블과 시퀀스 처리는 구현된 방식이 다르기 때문에 연산의 순서 역시 다릅니다. 이터러블을 처리할 때는 첫 번째 연산을 컬렉션 전체에 적용을 마친 후 다음 연산으로 넘어갑니다. 이를 단계별(step-by-step) 또는 즉시(eager) 처리라고 합니다.

```
fun main() {
    listOf(1, 2, 3)
        .filter { print("F$it, "); it % 2 == 1 }
        .map { print("M$it, "); it * 2 }
        .forEach { print("E$it, ") }
    // 출력: F1, F2, F3, M1, M3, E2, E6,
}
```

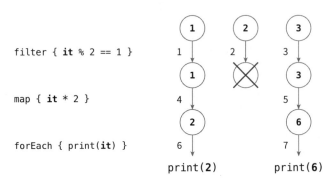

즉시 처리
(단계별 처리)

(Iterable에서 일반적인) '즉시 처리'의 연산 순서를 보여 주는 그림입니다. 연산 옆에 있는 숫자가 연산이 실행되는 순서입니다. '지연 처리'의 연산 순서를 보여 주는 다음 그림과 비교해 보세요.

한편 시퀀스를 처리할 때는 첫 번째 원소에 모든 연산을 적용한 뒤에, 다음 원소를 처리하는 방식으로 진행됩니다. 이를 원소별(element-by-element) 또는 지연(lazy) 처리라고 합니다.

```kotlin
fun main() {
    sequenceOf(1, 2, 3)
        .filter { print("F$it, "); it % 2 == 1 }
        .map { print("M$it, "); it * 2 }
        .forEach { print("E$it, ") }
    // 출력: F1, M1, E2, F2, F3, M3, E6,
}
```

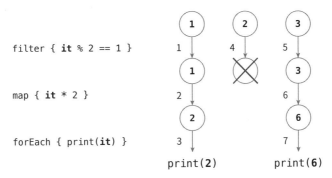

지연 처리
(원소별 처리)

(Sequence에서 일반적인) '지연 처리'의 연산 순서를 보여 주는 그림입니다. 연산 옆에 있는 숫자가 연산이 실행되는 순서입니다.

(컬렉션 처리 함수를 사용하지 않고) 전통적인 반복문과 조건문을 사용하여 연산을 구현하면 시퀀스 처리처럼 원소별로 처리하게 됩니다.

```kotlin
fun main() {
    for (e in listOf(1, 2, 3)) {
        print("F$e, ")
        if (e % 2 == 1) {
            print("M$e, ")
            val mapped = e * 2
            print("E$mapped, ")
        }
    }
    // 출력: F1, M1, E2, F2, F3, M3, E6,
}
```

따라서 시퀀스를 처리할 때의 원소별 순서가 더 자연스럽습니다. 또한 시퀀스 처리는 간단한 반복문과 조건문으로 최적화할 수 있기 때문에 컴파일러에서 저수준 최적화를 수행할 수도 있습니다(하스켈 컴파일러는 실제로 리스트 퓨전을 사용해 최적화합니다). 이 책을 쓰는 동안에는 시퀀스의 최적화에 대해 들어본 적이 없지만, 미래에는 도입될 가능성도 있습니다.

시퀀스는 연산을 최소한으로 수행한다

컬렉션 전체에 대해 모든 연산을 수행하지 않고도 원하는 결과를 얻을 수 있는 경우가 많습니다. 원소가 수백만 개인 컬렉션이 있지만, 그중 10개의 원소에만 몇 가지 처리를 해 주면 되는 경우를 생각해 봅시다. 모든 원소를 처리할 필요가 있을까요? 이터러블 처리에는 즉시 처리라는 개념이 없기 때문에 모든 연산 각각이 처리를 완료한 컬렉션을 반환합니다. 시퀀스는 이럴 필요가 없으므로 최소한의 연산만 수행하여 결과를 얻을 수 있습니다.

　항목들을 매핑하고 특정 조건을 만족하는 하나의 항목을 찾는 처리 과정을 생각해 봅시다. 이터러블은 항상 모든 항목을 먼저 매핑합니다. 시퀀스는 최소한으로 필요한 수만큼 매핑합니다.

```kotlin
fun main() {
    val resI = (1..10).asIterable()
        .map { print("M$it "); it * it }
        .find { print("F$it "); it > 3 }
    println(resI)  // M1 M2 M3 M4 M5 M6 M7 M8 M9 M10 F1 F4 4

    val resS = (1..10).asSequence()
        .map { print("M$it "); it * it }
        .find { print("F$it "); it > 3 }
    println(resS)  // M1 F1 M2 F4 4
}
```

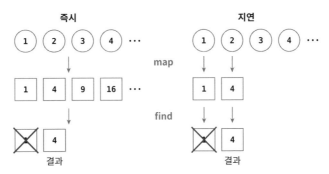

즉시 처리(이터러블의 특징)와 지연 처리(시퀀스와 스트림의 특징)의 차이

다음은 여러 단계로 이루어진 처리를 find로 마무리하는 예입니다.

```kotlin
fun main() {
    (1..10).asSequence()
        .filter { print("F$it, "); it % 2 == 1 }
        .map { print("M$it, "); it * 2 }
        .find { it > 5 }
    // 출력: F1, M1, F2, F3, M3,
    (1..10)
        .filter { print("F$it, "); it % 2 == 1 }
        .map { print("M$it, "); it * 2 }
        .find { it > 5 }
    // 출력: F1, F2, F3, F4, F5, F6, F7, F8, F9, F10,
    // M1, M3, M5, M7, M9,
}
```

중간 단계가 있고 최종 연산에서 원소 전체를 순회할 필요가 없다면 성능 측면에서 시퀀스가 유리합니다. 시퀀스 처리는 이터러블 처리와 똑같은 함수를 사용하기 때문에 쉽게 변환이 가능합니다. 원소 모두를 처리하지 않아도 되는 연산의 예로는 first, find, take, any, all, none, indexOf가 있습니다.

시퀀스는 연산량을 최소로 줄여 주지만, '처리' 용도로 쓰일 때만 이 이점을 누릴 수 있습니다. 데이터를 '저장'하도록 설계되지 않았기 때문에, (이터러블과 달리) 데이터를 계속 담고 있지 않습니다. 시퀀스는 최종 연산에서 수행할 연산들을 정의하는 개념이라고 봐야 합니다. 그래서 최종 연산을 호출할 때마다 원소들을 처음부터 다시 처리합니다.[2]

---

2 시퀀스가 일회성이 '아닐 때만' 해당합니다. 예를 들어 파일을 한 줄씩 읽는 useLines 함수는 일회성이라서, 파일을 끝까지 읽고 난 다음에는 파일과의 연결을 끊어 버립니다.

```kotlin
fun main() {
    // 시퀀스는 최종 연산을 호출할 때마다 연산을 수행합니다.
    val s = (1..6).asSequence()
        .filter { print("F$it, "); it % 2 == 1 }
        .map { print("M$it, "); it * 2 }

    s.find { it > 3 }  // F1, M1, F2, F3, M3,
    println()
    s.find { it > 3 }  // F1, M1, F2, F3, M3,
    println()
    s.find { it > 3 }  // F1, M1, F2, F3, M3,
    println()

    // 같은 연산을 이터러블(리스트)에서 수행할 경우
    val l = (1..6)
        .filter { print("F$it, "); it % 2 == 1 }
        .map { print("M$it, "); it * 2 }
    // F1, F2, F3, F4, F5, F6, M1, M3, M5,

    l.find { it > 3 }  // 아무것도 출력하지 않습니다.
    l.find { it > 3 }  // 아무것도 출력하지 않습니다.
    l.find { it > 3 }  // 아무것도 출력하지 않습니다.
}
```

시퀀스는 무한할 수 있다

시퀀스는 요청이 있을 때만 처리를 수행하므로 무한한 시퀀스도 있을 수 있습니다. 무한한 시퀀스를 생성할 때 사용되는 두 가지 중요한 함수는 generate Sequence와 sequence입니다.

　generateSequence는 첫 번째 원소(시드)와 그다음 원소를 어떻게 계산할지 정의한 함수를 인수로 받습니다.

```kotlin
fun main() {
    generateSequence(1) { it + 1 }
        .map { it * 2 }
        .take(10)
        .forEach { print("$it, ") }
    // 출력: 2, 4, 6, 8, 10, 12, 14, 16, 18, 20,
}
```

시퀀스를 생성하는 또 다른 방법으로 sequence가 있습니다. sequence는 요청이 있을 때 다음 원소를 생성하는 중단 함수[3]입니다. 다음 원소를 요청하면 다음 값이 생성될 때까지 시퀀스 빌더가 실행됩니다. 이때 값 생성에 `yield`를 이용하기 때문에 그다음 원소를 요청할 때까지 실행이 중단됩니다. 다음 코드는 무한히 이어지는 피보나치 수열을 담은 리스트를 sequence를 이용하여 구현한 예입니다.

```kotlin
import java.math.BigInteger

val fibonacci: Sequence<BigInteger> = sequence {
    var current = 1.toBigInteger()
    var prev = 0.toBigInteger()
    yield(prev)
    while (true) {
        yield(current)
        val temp = prev
        prev = current
        current += temp
    }
}

fun main() {
    print(fibonacci.take(10).toList())
    // [0, 1, 1, 2, 3, 5, 8, 13, 21, 34]
}
```

무한한 시퀀스를 처리할 때는 원소의 수를 제한해야 합니다. 시퀀스를 끝없이 소모할 수는 없습니다.

```kotlin
print(fibonacci.toList())  // 영원히 실행됩니다.
```

따라서 take와 같은 연산을 사용해 원소 수를 제한하거나, 모든 원소를 처리하지 않아도 되는 `first`, `find`, `indexOf` 같은 최종 연산을 사용해야 합니다. 모든 원소를 처리하지 않는다는 점 덕분에 시퀀스의 연산이 더 효율적인 경우가 많습니다. 하지만 `any`, `all`, `none`과 같은 연산은 반드시 원소의 수를 제한한 다음에 사용해야 합니다. 프레디키트가 없는 `any` 연산은 true를 반환하거나 영원히 실행됩니다. 프레디키트가 없는 `all`과 `none` 연산 또한 false만 반환합니다.

---

3 코루틴으로 생성하는 시퀀스입니다. 《코틀린 코루틴(Kotlin Coroutines)》(인사이트, 2023)에서 잘 설명하고 있습니다.

시퀀스는 각 처리 단계마다 컬렉션을 생성하지 않는다

표준 컬렉션 처리 함수는 각 단계마다 새로운 컬렉션을 반환합니다. 대부분의 경우 List입니다. 매 단계마다 곧바로 사용하거나 저장할 수 있는 무언가를 얻는다는 건 장점이지만, 매번 새로운 컬렉션을 생성하고 데이터를 채워야 하는 비용이 추가로 듭니다.

```
val numbers = List(1_000_000) { it }

numbers
    .filter { it % 10 == 0 }  // 새로운 컬렉션이 하나 만들어집니다.
    .map { it * 2 }           // 새로운 컬렉션이 하나 만들어집니다.
    .sum()
// 내부적으로 두 개의 컬렉션이 생성됩니다.

numbers
    .asSequence()
    .filter { it % 10 == 0 }
    .map { it * 2 }
    .sum()
// 컬렉션이 생성되지 않습니다.
```

원소의 수가 많거나 대량의 데이터를 담은 컬렉션을 처리할 때 특히 문제가 됩니다. 극단적이고 흔한 예로 파일을 읽는 경우부터 생각해 봅시다. 파일은 기가바이트 단위까지 커질 수 있습니다. 처리 단계마다 컬렉션에 모든 데이터를 할당하면 메모리 낭비가 심하게 됩니다. 따라서 파일을 처리할 때는 기본적으로 시퀀스를 사용합니다.

또 다른 예로, 시카고 시에서 발생한 범죄를 분석해 봅시다. 시카고 시는 2001년 이후 발생한 범죄 정보가 담긴 공공 데이터베이스를 인터넷에 무료로 공개했습니다.[4] 현재 전체 데이터 양은 1.53GB가 넘습니다. 이중 대마초 관련 범죄가 얼마나 많은지 확인하고자 합니다. 다음 코드는 별다른 생각 없이 컬렉션 처리를 사용해 구현한 예입니다.

```
// 파일은 매우 클 수 있으니, 컬렉션을 사용하는 건 나쁜 방법입니다.
File("ChicagoCrimes.csv")
```

---

4 *https://kt.academy/l/chicago-crime-data*에서 데이터베이스를 확인할 수 있습니다.

```
    .readLines()  // List<String>을 반환합니다.
    .drop(1)      // 라벨을 버립니다.
    .mapNotNull { it.split(",").getOrNull(6) }
    // 설명에서 대마초를 찾습니다.
    .filter { "CANNABIS" in it }
    .count()
    .let(::println)
```

이 코드는 메모리가 충분하지 않은 기기에서는 `OutOfMemoryErorr`를 일으킬 겁니다.

 '메인' 스레드에서 'java.lang.OutOfMemoryError: Java heap space' 예외가 발생합니다.

충분히 예상 가능한 상황입니다. 첫 컬렉션을 생성한 다음 중간 처리 단계 3개를 거치면 총 4개의 컬렉션이 만들어집니다. 이중 3개는 데이터 파일의 용량인 1.53GB에 근접하는 메모리를 차지하므로, 메모리를 총 4.59GB 이상 사용하게 됩니다. 낭비하는 양이 어마어마하다고 할 수 있습니다. 이럴 때는 시퀀스가 올바른 선택이며, 지금 예에서는 언제나 한 줄씩만 처리하는 useLines 함수를 사용하면 됩니다.

```
File("ChicagoCrimes.csv").useLines { lines ->
    // `lines`의 타입은 Sequence<String>입니다.
    lines.drop(1)  // 라벨을 버립니다.
        .mapNotNull { it.split(",").getOrNull(6) }
        // 설명에서 대마초를 찾습니다.
        .filter { "CANNABIS" in it }
        .count()
        .let { println(it) }  // 318185
}
```

시퀀스를 사용한 두 번째 방법은 안전할 뿐 아니라 빠릅니다. 메모리 할당과 해제는 시간이 오래 걸리는 작업입니다. 파일이 클수록 시퀀스를 사용하는 편이 메모리도 절약되고 성능도 좋아집니다.

　많은 수의 컬렉션을 처리할 때도 단계마다 새로운 컬렉션을 만들면 비용이 많이 들게 됩니다. 컬렉션 처리와 시퀀스 처리의 차이는 컬렉션을 처리할 때는 중간 단계에서 컬렉션이 생성된다는 점입니다. 하지만 생각보다 그 차이가 크지는 않은데, 중간 단계에서 생성되는 임시 컬렉션을 예상되는 크기로 만들 수 있기 때문입니다. 단지 원소들을 더할 때 다음 위치에 원소들을 위치시킬 뿐입니다. 하지만 컬렉션을 복사하는 비용이 저렴하더라도, 복사를 아예 하지 않는 것보다는 여전히 비쌉니다. 그러니 규모가 큰 컬렉션을 두 개 이상의 단계로 처리할 때는 시퀀스를 사용하는 편이 좋습니다.

여기서 '규모가 큰 컬렉션'이라고 하면 작은 원소 수만 개를 담고 있거나 원소 각각이 거대한(메가바이트 단위) 컬렉션을 말합니다. 흔하지는 않지만, 종종 마주치는 상황입니다.

제가 말하는 '처리 단계 하나'는 특정한 컬렉션 처리 함수 하나보다 더 많은 의미를 함축하고 있습니다. 다음 두 함수를 비교해 봅시다.

```
fun singleStepListProcessing(): List<Product> {
    return productsList.filter { it.bought }
}

fun singleStepSequenceProcessing(): List<Product> {
    return productsList.asSequence()
        .filter { it.bought }
        .toList()
}
```

성능 측면에서는 두 함수가 거의 같습니다(실제로는 리스트의 filter가 인라인 함수이므로 살짝 빠릅니다). 하지만 다음과 같이 처리 단계가 둘 이상이고 (filter와 map) 컬렉션이 제법 크다면 차이가 상당합니다.

```
fun multipleStepsListProcessing(): List<ProductDto> {
    return productsList
        .filter { it.bought }
        .map { it.productDto() }
}

fun multipleStepsSequenceProcessing(): List<ProductDto> {
    return productsList.asSequence()
        .filter { it.bought }
        .map { it.productDto() }
        .toList()
}
```

시퀀스가 더 빠르지 않은 상황은?

컬렉션 전체에 연산을 수행해야 한다면 시퀀스를 사용해서 얻는 이득이 없을 수 있습니다. 코틀린 표준 라이브러리의 sorted 함수가 그 예입니다(현재는 유일한 예입니다). 이 함수는 최적화를 위해 Sequence를 List로 모으고 자바 표준 라이브러리의 sort 함수를 사용하도록 구현됐습니다. 단점은 모으는 단계에서 걸리는 시간이 Collection을 처리할 때보다 조금 더 걸린다는 점입니다(하지만 Iterable이 Collection이나 배열이 아니라면 어차피 모아야 하는 건 똑같기 때문에 큰 차이가 없습니다).

Sequence에서 sorted와 같은 함수를 지원해야 하는지에 대해서는 논란이 있습니다. sorted는 '정렬'이라는 개념 특성상 첫 번째 원소만 찾으려 해도 나머지 원소 전부를 확인해야만 합니다. 따라서 중간에 이런 성격의 함수가 끼어 있는 시퀀스 파이프라인의 연산은 부분적으로만 지연 실행됩니다. 마찬가지 이유(나머지 원소 전부가 필요)에서, 이런 함수는 무한한 시퀀스에서는 작동하지 않습니다. 그럼에도 Sequence에 sorted가 추가된 이유는 그만큼 자주 쓰이고, 시퀀스에 담긴 값들을 (다른 클래스의 API를 쓰지 않고) 시퀀스에서 직접 정렬하는 쪽이 훨씬 편리하기 때문입니다. 코틀린 개발자들은 이 함수의 특징을 잘 기억해야 하며, 특히 무한한 시퀀스에서는 사용하지 않도록 주의해야 합니다.

```
generateSequence(0) { it + 1 }.take(10).sorted().toList()
// [0, 1, 2, 3, 4, 5, 6, 7, 8, 9]

generateSequence(0) { it + 1 }.sorted().take(10).toList()
// 영원히 반환되지 않습니다.
```

sorted 함수는 Collection에서보다 Sequence에서 처리할 때 더 빠른, 보기 드문 예입니다. 하지만 여러 처리 단계를 거친 후 정렬 함수를 (혹은 전체 컬렉션을 대상으로 처리하는 다른 함수를) 사용하는 경우에는 시퀀스로 처리하는 편이 여전히 더 빠를 것입니다.

```
productsList.asSequence()
    .filter { it.bought }
    .map { it.price }
    .sorted()
```

```
    .take(10)
    .sum()
```

자바 스트림은 어떨까?

자바 8은 컬렉션 처리가 가능한 스트림을 도입했습니다. 자바 스트림은 코틀린 시퀀스와 비슷하게 동작하며, 생김새도 유사합니다.

```
productsList.asSequence()
    .filter { it.bought }
    .map { it.price }
    .average()

productsList.stream()
    .filter { it.bought }
    .mapToDouble { it.price }
    .average()
    .orElse(0.0)
```

자바 8의 스트림은 지연 연산을 지원하여 마지막 처리 단계(최종 연산)에서 컬렉션으로 변환됩니다. 자바 스트림과 코틀린 시퀀스에는 세 가지 중요한 차이점이 있습니다.

- 코틀린 시퀀스는 시퀀스 처리용 메서드가 풍부하며(확장 함수로 정의되었기 때문입니다), 더 간편합니다. 먼저 등장한 자바 스트림을 토대로 설계를 개선했기 때문입니다. 예를 들어 collect(Collectors.toList()) 대신 toList()처럼 간단하게 사용할 수 있습니다.
- 자바 스트림은 병렬 함수를 사용하면 병렬 모드로 시작할 수 있습니다. 최근에는 여러 개의 CPU 코어를 가진 기기들이 흔하며, 대부분의 CPU를 평소에는 사용하지 않기 때문에 성능이 크게 개선될 수 있습니다. 하지만 병렬 함수는 잠재적으로 위험할 수 있으니 주의해서 사용해야 합니다.[5]

---

5 하나의 프로세스가 다른 프로세스를 블로킹할 수 있는 포크-조인 스레드 풀(fork-join thread pool)[6]을 사용하기 때문에 생기는 문제입니다. 또한 하나의 원소 처리가 다른 원소들의 처리를 블로킹해도 문제가 생깁니다. 이에 대해 더 자세히 알고 싶으면 루카스 크레칸(Lukas Krecan)의 글 '자바 8의 병렬 스트림을 사용하기 전에 신중히 생각하세요'를 읽어보세요(*https://kt.academy/l/java8-streams*).

6 (옮긴이) 포크-조인 스레드 풀은 병렬화할 수 있는 작업을 재귀적으로 작은 작업으로 분할한 다음에 서브태스크 각각의 결과를 합쳐서 전체 결과를 만들도록 설계되었습니다. 하나의 작업을 작은 단위로 나눠서 여러 스레드가 동시에 처리하는 일을 쉽게 만들어 줍니다.

- Sequence는 코틀린을 구동할 수 있는 모든 대상(Kotlin/JVM, Kotlin/JS, Kotlin/ Native)과 공통 모듈에서 사용할 수 있지만, 자바 스트림은 자바 8 이상의 JVM에서만 사용할 수 있습니다.

일반적으로 병렬 모드를 사용하지 않는다면 자바 스트림과 코틀린 시퀀스의 효율에는 큰 차이가 없습니다. 계산량이 많고 병렬 모드가 성능을 크게 높여 줄 수 있을 때만 자바 스트림을 추천합니다. 이런 특수한 경우가 아니라면, 다른 플랫폼과 공통 모듈에서 모두 사용할 수 있도록 코틀린 표준 라이브러리의 함수들로 일관되고 깔끔하게 작성하는 것이 좋습니다.

코틀린 시퀀스 디버깅

인텔리제이의 디버깅 모드를 이용하면 코틀린 시퀀스와 자바 스트림 모두 단계마다 원소들의 현황을 파악할 수 있습니다. 자바 스트림은 'Java Stream Debugger'라는 플러그인이 필요합니다. 코틀린 시퀀스도 'Kotlin Sequence Debugger' 플러그인이 필요하지만, 현재는 공식 코틀린 플러그인으로 통합되었습니다. 다음은 시퀀스 처리를 단계별로 보여 주는 화면입니다.

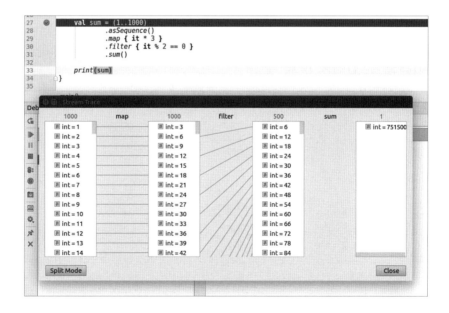

요약

컬렉션과 시퀀스 처리는 아주 비슷하며 거의 같은 처리 메서드를 지원합니다. 하지만 중요한 차이가 있습니다. 원소들을 보관할 때는 보통 컬렉션을 이용합니다. 그래서 시퀀스로 처리하려면 우선 컬렉션을 시퀀스로 변환한 다음, 시퀀스 처리 후, 다시 컬렉션으로 변환해야 하여 전체 과정이 더 복잡합니다. 또한 시퀀스는 지연 연산을 통해 다음과 같은 몇 가지 중요한 장점을 제공합니다.

- 연산이 자연적 순서로 이뤄집니다.
- 연산을 최소한으로 수행합니다.
- 무한할 수 있습니다.
- 단계마다 중간 컬렉션을 생성하지 않습니다.

따라서 크기가 큰 객체 또는 많은 수의 원소로 이루어진 컬렉션을 둘 이상의 단계로 처리해야 한다면 시퀀스가 좋습니다. 시퀀스는 원소들이 어떻게 처리되는지 보여 주는 전용 IDE 디버거가 있습니다. 그렇다고 시퀀스가 전통적인 컬렉션 처리를 대체할 목적으로 설계되지는 않았습니다. 합당한 이유가 있을 때만 시퀀스를 사용하세요. 그러면 성능이 좋아지고 메모리 문제에서도 해방될 수 있습니다.

연습문제: 시퀀스 이해

다음 코드를 실행하면 어떤 결과가 출력될까요?

```
fun m(i: Int): Int {
    print("m$i ")
    return i * i
}

fun f(i: Int): Boolean {
    print("f$i ")
    return i % 2 == 0
}

fun main() {
```

```
    val list = listOf(1, 2, 3, 4)
    list.map(::m).filter(::f)                // ?
    list.filter(::f).map(::m)                // ?

    val sequence = sequenceOf(1, 2, 3, 4)
    sequence.map(::m).filter(::f).toList()   // ?
    sequence.map(::m).filter(::f)            // ?
    sequence.map(::m).filter(::f).first()    // ?
    sequence.filter(::f).map(::m).toList()   // ?

    val sequence2 = list.asSequence().map(::m)  // ?
    sequence2.toList()                          // ?
    sequence2.filter(::f).toList()              // ?
}
```

정답은 책 뒤편의 '연습문제 해답'에서 확인할 수 있습니다.

10장

타입에 안전한 DSL 빌더

최근 프로그래밍에서 유행하는 것이 있습니다. 바로 다양한 종류의 정의를 코드
베이스(codebase)[1]로 옮기는 것입니다. 잘 알려진 예로는 빌드 도구 설정이 있
습니다. 앤트(Ant)와 메이븐(Maven) 같은 빌드 도구에서는 설정을 XML 파일로
작성했습니다. 메이븐의 후계자인 그레이들(Gradle)은 설정을 코드에서 정의합
니다. 그레이들의 설정 파일인 build.gradle은 그루비(Groovy) 코드입니다.

```groovy
// build.gradle
// 그루비(Groovy)
plugins {
    id 'java'
}

dependencies {
    implementation 'org.jetbrains.kotlin:kotlin-stdlib-jdk8'
    implementation "org.jb.ktx:kotlinx-coroutines-core:1.6.0"
    testImplementation "io.mockk:mockk:1.12.1"
    testImplementation "org.junit.j:junit-jupiter-api:5.8.2"
    testRuntimeOnly "org.junit.j:junit-jupiter-engine:5.8.2"
}
```

✓　의존성 이름을 책 너비에 맞게 짧게 줄였습니다.

---

1 (옮긴이) 코드베이스란 특정 소프트웨어 시스템, 응용 소프트웨어, 소프트웨어 구성 요소를 빌드하
기 위해 사용되는 소스 코드를 모아놓은 것을 말합니다.

설정을 코드에서 정의하면 더 편리합니다. 먼저, 개발자에게 친숙하기 때문에 무엇이 가능하고 불가능한지 쉽게 알 수 있습니다. 헬퍼 함수와 클래스를 정의할 수 있고, 람다 표현식도 사용할 수 있습니다. 하지만 그레이들은 그루비에 완전히 만족할 수 없었습니다. 그루비는 너무 동적이라 IDE의 코드 제안이 제대로 동작하지 않는 등 코드를 작성할 때 어떠한 정보도 얻지 못하는 경우가 많습니다. 그래서 그레이들 설정을 정의하는 새로운 방법으로 코틀린을 사용하게 되었습니다.

```
// build.gradle.kts
// 코틀린
plugins {
    java
}

dependencies {
    implementation(kotlin("stdlib"))
    implementation("org.jb.ktx:kotlinx-coroutines-core:1.6.0")
    testImplementation("io.mockk:mockk:1.12.1")
    testImplementation("org.junit.j:junit-jupiter-api:5.8.2")
    testRuntimeOnly("org.junit.j:junit-jupiter-engine:5.8.2")
}
```

이번 장에서는 이 코드에 적용된 특징들을 배웁니다. 우리는 이와 같은 코드를 작성하는 매 순간, 설정 API를 설계한 사람이 정의한 구체적인 구조를 이용하게 됩니다. 이 구조를 도메인 특화 언어(Domain Specific Language, DSL)라고 합니다. 개발자는 구체적인 무언가를 코드로 기술할 수 있도록 특화된 작은 언어를 정의할 수 있습니다. 그레이들 설정이 좋은 예입니다.

코틀린 DSL은 완전한 정적 타입 언어라서 타이핑할 때마다 어떤 작업을 할 수 있는지를 IDE가 제안해 줍니다.

도메인 특화 언어는 특정한 사물과 행동을 기술하는 직관적인 문법을 얻기 위해 정의합니다.

　DSL은 프런트엔드 애플리케이션에서 뷰를 정의하는 방법을 근본적으로 바꾸었습니다. 가장 큰 기여를 한 게임 체인저[2]는 HTML을 자바스크립트로 정의할 수 있는 리액트(React)라고 생각합니다. 리액트는 자바스크립트 라이브러리이지만, 코틀린 DSL을 사용하면 리액트 애플리케이션을 코틀린으로 구현할 수 있습니다. 백엔드 애플리케이션용 HTML도 코틀린으로 정의할 수 있습니다.

```
// 코틀린
body {
    div {
        a("https://kotlinlang.org") {
            target = ATarget.blank
            +"Main site"
        }
    }
    +"Some content"
}
```

2　(옮긴이) 게임 체인저(game-changer)란 기존 시장에 엄청난 변화를 야기할 정도의 혁신적인 제품이나 기술, 혹은 그런 아이디어를 가진 사람이나 기업을 말합니다.

앞의 HTML DSL로부터 생성된 HTML 뷰

이러한 방식은 다른 언어 커뮤니티에도 영향을 끼쳤습니다. 집필 시점에는 iOS 용 뷰 정의의 표준으로 자리 잡은 스위프트UI(SwiftUI)가 내부적으로 스위프트 DSL을 사용하고 있으며, 안드로이드 뷰는 코틀린 DSL을 사용하는 젯팩 컴포즈 (Jetpack Compose)[3]로 많이 정의하고 있습니다.

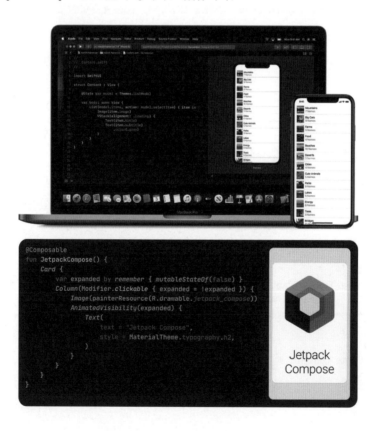

---

3 젯팩 컴포즈는 일부 원소를 컴파일러 플러그인에서 추가하기 때문에 일반적인 코틀린 DSL과는 조 금 다릅니다. 원소 추가는 애너테이션을 이용해 이루어집니다.

데스크톱 애플리케이션에서도 비슷합니다. 다음은 자바FX 기반의 토네이도
FX(TornadoFX)로 뷰를 정의한 예입니다.

```kotlin
// 코틀린
class HelloWorld : View() {
    override val root = hbox {
        label("Hello world") {
            addClass(heading)
        }
        textfield {
            promptText = "Enter your name"
        }
    }
}
```

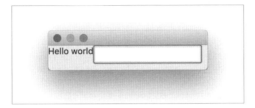

앞의 토네이도FX DSL로부터 생성된 뷰

DSL은 백엔드에서도 사용됩니다. 예를 들어, 케이터(Ktor) 프레임워크의 API
가 코틀린 DSL을 기초로 만들어졌습니다. 따라서 엔드포인트 정의가 간단하고
읽기 쉬우며, 사용하기에도 유연하고 편리합니다.

```kotlin
fun Routing.api() {
    route("news") {
        get {
            val newsData = NewsUseCase.getAcceptedNews()
            call.respond(newsData)
        }
        get("propositions") {
            requireSecret()
            val newsData = NewsUseCase.getPropositions()
            call.respond(newsData)
        }
    }
    // ...
}
```

DSL 기반 프레임워크는 애너테이션 기반 프레임워크보다 융통성이 훨씬 좋습니다. 예를 들어, 리스트나 맵으로 여러 엔드포인트를 쉽게 정의할 수 있습니다.

```
fun Routing.setupRedirect(redirect: Map<String, String>) {
    for ((path, redirectTo) in redirect) {
        get(path) {
            call.respondRedirect(redirectTo)
        }
    }
}
```

DSL은 일반적으로 가독성이 매우 높습니다. 그래서 점점 더 많은 라이브러리가 설정용 빌더 대신에 DSL 스타일의 정의를 사용하고 있습니다.

```
@Configuration
class SecurityConfig: WebSecurityConfigurerAdapter() {
    override fun configure(http: HttpSecurity?) {
        http {
            authorizeRequests {
                authorize(anyRequest, authenticated)
            }
            formLogin {
                loginPage = "/log-in"
            }
        }
    }
}
```

스프링 시큐리티(Spring security)를 코틀린 DSL로 설정할 수 있습니다.

DSL은 라이브러리를 테스트할 때도 사용합니다. 다음은 코틀린 테스트(Kotlin Test)로 정의한 테스트의 예입니다.

```
class MyTests : StringSpec({
    "length should return size of string" {
        "hello".length shouldBe 5
    }
    "startsWith should test for a prefix" {
        "world" should startWith("wor")
    }
})
```

지금까지 본 것처럼 DSL은 이미 널리 쓰이고 있으며 그만한 가치가 있습니다. 복잡하고 계층적인 데이터 구조를 정의하기도 쉬워집니다. DSL 안에서 코틀린이 제공하는 모든 것을 활용할 수 있으며, 유용한 힌트도 얻을 수 있습니다. 여러분도 코틀린 DSL을 이미 사용해 봤을 테지만, 어떻게 정의하는지도 알아야 합니다. 새로운 DSL을 만들고 싶지는 않더라도, 기존 것들을 능숙하게 사용하는 데 도움이 될 것입니다.

리시버가 있는 함수 타입

DSL을 어떻게 만드는지 이해하려면 리시버가 있는 함수 타입이라는 특징을 이해해야 합니다. 리시버가 있는 함수 타입이란 '확장 함수를 표현하는 함수 타입'입니다.

　이 개념을 설명하려면 우리가 이미 알고 있는 개념에서부터 시작하는 것이 좋겠습니다. 3장 '익명 함수'에서 익명 함수를 이름 없이 일반 함수처럼 정의할 수 있다고 설명했습니다. 확장 함수도 마찬가지입니다. '익명 확장 함수'로 생성한 객체는 확장 함수입니다. 따라서 리시버(receiver)라는 특별한 방법으로 호출할 수 있습니다.

```kotlin
// 명명된 확장 함수
fun String.myPlus1(other: String) = this + other

fun main() {
    println("A".myPlus1("B"))              // AB

    // 변수에 할당된 익명 확장 함수
    val myPlus2 = fun String.(other: String) = this + other
    println(myPlus2.invoke("A", "B"))  // AB
    println(myPlus2("A", "B"))         // AB
    println("A".myPlus2("B"))          // AB
}
```

이제 확장 함수를 표현하는 객체를 얻었습니다. 이 객체에는 타입이 필요합니다. 하지만 일반 함수를 표현하는 타입과는 달라야 합니다. 바로 리시버가 있는 함수 타입이어야 합니다.

리시버가 있는 함수 타입을 만드는 방법은 일반 함수 타입과 같지만, 리시버 타입을 추가로 정의합니다.

- `User.() -> Unit`

  User의 확장 함수를 표현하는 타입으로, 인수가 없고 의미 있는 값을 반환하지 않습니다.

- `Int.(Int) -> Int`

  Int의 확장 함수를 표현하는 타입으로, Int 타입 인수를 하나 받고 Int를 반환합니다.

- `String.(String, String) -> String`

  String의 확장 함수를 표현하는 함수 타입으로, String 타입 인수를 두 개 받고 String을 반환합니다.

myPlus2에 저장된 함수는 String의 확장 함수입니다. 그리고 String 타입 인수를 하나 받아서 String을 반환하므로 함수 타입은 `String.(String) -> String` 이 됩니다.

```kotlin
fun main() {
    val myPlus2: String.(String) -> String =
        fun String.(other: String) = this + other
    println(myPlus2.invoke("A", "B"))   // AB
    println(myPlus2("A", "B"))          // AB
    println("A".myPlus2("B"))           // AB
}
```

익명 확장 함수를 정의하는 법을 배웠습니다. 다음으로는 확장 함수를 표현하는 람다 표현식을 어떻게 정의하는지도 알아야 합니다. 이를 위한 특별한 구문은 없습니다. 람다 표현식의 타입이 리시버가 있는 함수 타입이라면 리시버가 있는 **람다 표현식**이라 하며, 함수 본문 안에 리시버가 추가로 생기게 됩니다.

```kotlin
fun main() {
    val myPlus3: String.(String) -> String = { other ->
        this + other
        // 내부에서 타입이 String인 리시버 `this`를 사용할 수 있습니다.
    }
```

```
    // 여기서는 리시버가 없으므로 `this`가 아무 의미가 없습니다.
    println(myPlus3.invoke("A", "B"))  // AB
    println(myPlus3("A", "B"))         // AB
    println("A".myPlus3("B"))          // AB
}
```

간단한 DSL 빌더

리시버가 있는 람다 표현식에서는 this의 의미가 다르기 때문에 객체의 프로퍼티를 정의할 때 더 편리한 구문을 도입할 수 있습니다. 전통적인 자바빈(Java Beans) 객체는 막 생성된 직후에는 필드들이 초기화되어 있지 않습니다. 그래서 객체를 사용하기 전에 세터를 이용해 필드들을 일일이 설정해 줘야 했습니다. 자바에서는 아주 흔히 쓰이는 방법이라 다양한 라이브러리에서 예를 찾아볼 수 있습니다. 다음 코드는 대화 상자(dialog)[4]를 정의한 코드입니다.

```
class Dialog {
    var title: String = ""
    var message: String = ""
    var okButtonText: String = ""
    var okButtonHandler: () -> Unit = {}
    var cancelButtonText: String = ""
    var cancelButtonHandler: () -> Unit = {}
    fun show() {
        /*...*/
    }
}

fun main() {
    val dialog = Dialog()
    dialog.title = "Some dialog"
    dialog.message = "Just accept it, ok?"
    dialog.okButtonText = "OK"
    dialog.okButtonHandler = { /*OK*/ }
    dialog.cancelButtonText = "Cancel"
    dialog.cancelButtonHandler = { /*Cancel*/ }
    dialog.show()
}
```

---

4 (위키피디아에 따르면) 대화 상자는 그래픽 사용자 인터페이스에서 사용자에게 정보를 보여 주거나 응답을 받는 용도로 쓰이는 특별한 창입니다.

필요한 프로퍼티들을 설정하는 데 dialog 변수를 거쳐야 해서 매우 불편합니다. 이런 경우 Dialog 타입 리시버가 있는 람다 표현식을 사용하면 편리합니다. this가 숨겨져 있기 때문에 프로퍼티들을 암묵적으로 참조할 수 있습니다.

```kotlin
fun main() {
    val dialog = Dialog()
    val init: Dialog.() -> Unit = {
        title = "Some dialog"
        message = "Just accept it, ok?"
        okButtonText = "OK"
        okButtonHandler = { /*OK*/ }
        cancelButtonText = "Cancel"
        cancelButtonHandler = { /*Cancel*/ }
    }
    init.invoke(dialog)
    dialog.show()
}
```

이 코드는 약간 복잡하니 반복되는 부분을 showDialog 함수로 추출하겠습니다.

```kotlin
fun showDialog(init: Dialog.() -> Unit) {
    val dialog = Dialog()
    init.invoke(dialog)
    dialog.show()
}

fun main() {
    showDialog {
        title = "Some dialog"
        message = "Just accept it, ok?"
        okButtonText = "OK"
        okButtonHandler = { /*OK*/ }
        cancelButtonText = "Cancel"
        cancelButtonHandler = { /*Cancel*/ }
    }
}
```

이제 대화 상자를 보여 주는 함수의 양이 최소한으로 줄어들었고 편리해졌습니다. 각 프로퍼티를 어떻게 설정하는지도 이해하기 쉽습니다. 리시버가 있는 함수 타입 내부에서 코드 제안도 받을 수 있습니다. 이상이 가장 간단한 DSL의 예입니다.

apply 사용

showDialog를 직접 정의하는 대신, 모든 제네릭 타입의 확장 함수인 apply를 사용할 수도 있습니다. 이 함수를 이용하면 어떠한 객체라도 리시버로 가질 수 있는 함수 타입을 생성하고 호출할 수 있습니다.

```
// apply 구현을 간략화
inline fun <T> T.apply(block: T.() -> Unit): T {
    this.block()  // block.invoke(this)와 동일합니다.
    return this
}
```

showDialog를 apply로 대체하는 코드는 다음과 같습니다. Dialog를 생성하고 모든 변경사항을 적용한 뒤, 대화상자를 명시적으로 보여 주면 됩니다.

```
fun main() {
    Dialog().apply {
        title = "Some dialog"
        message = "Just accept it, ok?"
        okButtonText = "OK"
        okButtonHandler = { /*OK*/ }
        cancelButtonText = "Cancel"
        cancelButtonHandler = { /*Cancel*/ }
    }.show()
}
```

대화 상자를 보여 주는 코드가 반복되지 않으면서 showDialog 함수를 정의하기 싫다면 apply를 사용하는 편이 낫습니다. 하지만 apply는 간단한 경우에만 도움이 됩니다. 멀티레벨(multi-level)[5] 객체를 정의하는 것처럼 더 복잡한 경우에는 적합하지 않습니다.

그럼에도 DSL 정의에서 apply는 유용합니다. 다음과 같이 apply로 init을 호출하게 하여 showDialog를 간단하게 만들 수 있습니다.

```
fun showDialog(init: Dialog.() -> Unit) {
    Dialog().apply(init).show()
}
```

---

5 (옮긴이) 멀티레벨이란 여러 수준 또는 계층을 갖거나 여러 수준의 사람, 조직 또는 시스템을 포함하는 것을 말합니다.

멀티레벨 DSL

Dialog가 확장되어, 버튼 타입의 프로퍼티가 추가되었습니다.

```
class Dialog {
    var title: String = ""
    var message: String = ""
    var okButton: Button? = null
    var cancelButton: Button? = null

    fun show() {
        /*...*/
    }

    class Button {
        var message: String = ""
        var handler: () -> Unit = {}
    }
}
```

버튼은 옛 방식으로 생성해야 하기 때문에 이제 ShowDialog로는 충분하지가 않습니다.

```
fun main() {
    showDialog {
        title = "Some dialog"
        message = "Just accept it, ok?"
        okButton = Dialog.Button()
        okButton?.message = "OK"
        okButton?.handler = { /*OK*/ }
        cancelButton = Dialog.Button()
        cancelButton?.message = "Cancel"
        cancelButton?.handler = { /*Cancel*/ }
    }
}
```

하지만 이번에도 앞에서와 같은 요령을 적용하여 버튼을 생성할 수 있습니다. 이를 위한 작은 DSL을 정의하겠습니다.

```
fun makeButton(init: Dialog.Button.() -> Unit) {
    return Dialog.Button().apply(init)
}
```

```kotlin
fun main() {
    showDialog {
        title = "Some dialog"
        message = "Just accept it, ok?"
        okButton = makeButton {
            message = "OK"
            handler = { /*OK*/ }
        }
        cancelButton = makeButton {
            message = "Cancel"
            handler = { /*Cancel*/ }
        }
    }
}
```

훨씬 낫지만, 아직 완벽하지 않습니다. DSL 사용자들이 버튼 생성용 함수인
makeButton에 대해 알아야 합니다. 일반적으로 사용자들이 기억해야 하는 정보
는 최소한으로 줄이는 게 좋습니다. 그러니 버튼을 만드는 okButton과 cancel
Button 메서드를 Dialog 안에 넣겠습니다. 이로써 함수들을 찾기도 쉬워지고
코드의 가독성도 한결 좋아졌습니다.

```kotlin
class Dialog {
    var title: String = ""
    var message: String = ""
    private var okButton: Button? = null
    private var cancelButton: Button? = null

    fun okButton(init: Button.() -> Unit) {
        okButton = Button().apply(init)
    }

    fun cancelButton(init: Button.() -> Unit) {
        cancelButton = Button().apply(init)
    }

    fun show() {
        /*...*/
    }

    class Button {
        var message: String = ""
        var handler: () -> Unit = {}
    }
}
```

```
fun showDialog(init: Dialog.() -> Unit) {
    Dialog().apply(init).show()
}

fun main() {
    showDialog {
        title = "Some dialog"
        message = "Just accept it, ok?"
        okButton {
            message = "OK"
            handler = { /*OK*/ }
        }
        cancelButton {
            message = "Cancel"
            handler = { /*Cancel*/ }
        }
    }
}
```

DSL 마커(DslMarker)

대화 상자 정의에 사용한 DSL 빌더에는 안전성 문제가 있습니다. 외부 리시버의 원소에 암묵적으로 접근할 수 있다는 점입니다. 예를 들어, okButton 안에서실수로 대화 상자의 title을 설정할 수 있습니다.

```
fun main() {
    showDialog {
        title = "Some dialog"
        message = "Just accept it, ok?"
        okButton {
            title = "OK"   // 대화 상자 제목을 설정합니다!
            handler = { /*OK*/ }
        }
        cancelButton {
            message = "Cancel"
            handler = { /*Cancel*/ }
        }
    }
}
```

지금 상황에서는 okButton 안에서 '사용하지 말아야 할' 요소까지도 IDE가 제안하기 때문에 불편합니다. 실수하기도 쉬워집니다.

```
showDialog {   this: Dialog
    title = "Some dialog"
    message = "Just accept it, ok?"
    okButton {   this: Dialog.Button
        |
}   message                                        String
ca  title                                          String
    handler                                  () -> Unit
    show()                                          Unit
    cancelButton {...} (init: Dialog.Button.() -> Unit)   Unit
}   okButton {...} (init: Dialog.Button.() -> Unit)       Unit
}   equals(other: Any?)                          Boolean
    hashCode()                                       Int
    toString()                                    String
    to(that: B) for A in kotlin      Pair<Dialog.Button, B>
    to(that: B) for A in kotlin            Pair<Dialog, B>
    DEFAULT BUFFER SIZE (kotlin.io)                  Int
Press ↵ to insert, → to replace
```

이 문제를 방지하려면 @DslMarker 메타 애너테이션을 사용해야 합니다. 메타
애너테이션(meta-annotation)은 애너테이션 클래스의 애너테이션입니다. 그
래서 @DslMarker를 사용하려면 애너테이션을 직접 정의해야 합니다. 여기서는
DialogDsl이라는 이름의 애너테이션을 정의하겠습니다. DSL에서 사용할 클래
스에 이 애너테이션을 추가하면 안전성 문제가 해결됩니다.[6] 빌더 메서드에 이
애너테이션을 사용하면 인텔리제이가 코드를 제안할 때 해당 함수 호출을 다
른 색으로 표시해 줍니다.

```
@DslMarker
annotation class DialogDsl

@DialogDsl
class Dialog {
    var title: String = ""
    var message: String = ""
    private var okButton: Button? = null
    private var cancelButton: Button? = null
```

---

6 구체적으로, 리시버가 있는 함수 타입에서 리시버로 사용될 때 가장 안쪽 리시버만 암묵적으로 사용
할 수 있습니다(바깥 리시버의 경우에는 this@label을 붙여 사용해야 합니다).

```
        @DialogDsl
        fun okButton(init: Button.() -> Unit) {
            okButton = Button().apply(init)
        }

        @DialogDsl
        fun cancelButton(init: Button.() -> Unit) {
            cancelButton = Button().apply(init)
        }

        fun show() {
            /*...*/
        }

        @DialogDsl
        class Button {
            var message: String = ""
            var handler: () -> Unit = {}
        }
    }

    @DialogDsl
    fun showDialog(init: Dialog.() -> Unit) {
        Dialog().apply(init).show()
    }
```

```
fun main() {
    showDialog {  this: Dialog
        title = "Some dialog"
        message = "Just accept it, ok?"
        okButton {  this: Dialog.Button
            title = "AAA"
            |
        }            message                                         String
    ca           showDialog {...} (init: Dialog.() -> Unit) (<root>)      Unit
                 handler                                        () -> Unit
                 main() (<root>)                                     Unit
                 DslMarker (kotlin)
        }        equals(other: Any?)                               Boolean
    }            hashCode()                                            Int
}               toString()                                         String
                to(that: B) for A in kotlin            Pair<Dialog.Button, B>
                DEFAULT_BUFFER_SIZE (kotlin.io)                       Int
                Runnable(handler) (java.lang)                    Runnable
                Runnable {  } (function: () -> Unit) (java.lang)  Runnable
                Press ↵ to insert, → to replace
```

그림에서 확인할 수 있듯이 DSL 함수 호출은 색이 다릅니다(저는 버건디 색으로 보입니다). 이 코드를 어떤 컴퓨터에서 시작했는지와 상관없이 색이 똑같아야 합니다. DSL은 인텔리제이에서 지정한 네 가지 색 중 하나로 표현됩니다. 선택 기준은 DSL의 애너테이션 이름의 해시 값입니다. 그래서 @DialogDsl의 이름을 바꾸면 DSL 함수 호출의 색 또한 바뀔 확률이 높습니다.

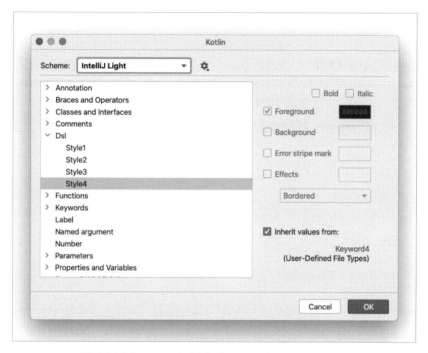

인텔리제이에서 DSL 요소에 사용할 색들을 커스터마이즈할 수 있습니다.

DslMarker를 마지막으로 완벽한 하나의 DSL을 완성했습니다. 거의 모든 DSL이 이와 같은 방법으로 정의됩니다. 완벽히 이해했는지 확인하기 위해 좀 더 복잡한 예를 분석해 봅시다.

더 복잡한 예

앞에서는 DSL을 상향식으로 만들었으니, 이번에는 반대 방향으로 진행하여 어떤 DSL이 필요한지부터 시작해 봅시다. 문자열로 이루어진 헤더와 바디로 구

성되는 HTML을 정의하는 용도로 간단한 HTML DSL을 만들 것입니다. 완성된
DSL이 다음 표기법을 지원하려고 합니다.

```
val html = html {
    head {
        title = "My websi" +
        "te"
        style("Some CSS1")
        style("Some CSS2")
    }
    body {
        h1("Title")
        h3("Subtitle 1")
        +"Some text 1"
        h3("Subtitle 2")
        +"Some text 2"
    }
}
```

이어지는 설명을 읽지 않고 이 DSL을 여러분이 직접 구현해 보아도 좋습니다.
저는 가장 위의 html { ... } 코드부터 시작하겠습니다. 이 코드는 무엇을 의미
할까요? 바로 람다 표현식을 인수로 받는 함수 호출입니다.

```
fun html(init: HtmlBuilder.() -> Unit): HtmlBuilder = TODO()
```

head와 body는 html 안에서만 의미가 있으므로 리시버에서 호출되어야 합니
다. HtmlBuilder 안에 두 함수를 정의할 것입니다. 두 함수는 자식이 있으므로
HeadBuilder와 (제가 가장 좋아하는) BodyBuilder를 리시버로 갖습니다.

```
class HtmlBuilder {
    fun head(init: HeadBuilder.() -> Unit) {
        /*...*/
    }

    fun body(init: BodyBuilder.() -> Unit) {
        /*...*/
    }
}
```

head 안에서는 세터로 제목을 설정할 수 있습니다. 따라서 HeadBuilder에는 title 프로퍼티가 있어야 합니다. 스타일을 지정하기 위한 style 함수도 필요합니다.

```kotlin
class HeadBuilder {
    var title: String = ""

    fun style(body: String) {
        /*...*/
    }
}
```

body에서도 비슷한 방식으로 h1과 h3 함수를 정의합니다. 그런데 +"Some text"은 무슨 뜻일까요? String의 단항 덧셈 연산자입니다.[7] 조금 이상하지만, 필요한 연산자이긴 합니다. 빌더에 값을 추가하려면 함수를 호출해야 하므로 평범한 값으로는 구현할 수 없습니다. 이런 경우 unaryPlus 연산자를 사용하는 것이 일반적입니다.

```kotlin
class BodyBuilder {
    fun h1(text: String) {
        /*...*/
    }

    fun h3(text: String) {
        /*...*/
    }

    operator fun String.unaryPlus() {
        /*...*/
    }
}
```

지금까지 구현한 코드만 있어도 DSL 정의는 컴파일 에러를 내지 않습니다. 하지만 함수들의 본문이 비어 있으니 기능은 하지 못합니다. 함수들에서 모든 값을 어딘가에 저장해야 합니다. 간단하게 말하면, 방금 정의한 빌더들에서 모든 것을 저장할 것입니다.

---

7 연산자들에 대해서는 《코틀린 아카데미: 핵심편》의 19장 '연산자 오버로딩'에서 자세히 설명합니다.

HeadBuilder에서는 정의된 스타일만 저장하면 됩니다. 리스트를 사용하겠습니다.

```
class HeadBuilder {
    var title: String = ""
    private var styles: List<String> = emptyList()

    fun style(body: String) {
        styles += body
    }
}
```

BodyBuilder에서는 요소들의 순서가 지켜져야 하므로 리스트에 저장하고, 요소 각각의 타입은 전용 클래스를 만들어서 표현하겠습니다.

```
class BodyBuilder {
    private var elements: List<BodyElement> = emptyList()

    fun h1(text: String) {
        this.elements += H1(text)
    }

    fun h3(text: String) {
        this.elements += H3(text)
    }

    operator fun String.unaryPlus() {
        elements += Text(this)
    }
}

sealed interface BodyElement
data class H1(val text: String) : BodyElement
data class H3(val text: String) : BodyElement
data class Text(val text: String) : BodyElement
```

이전에 makeButton을 만든 방법 그대로 head와 body도 만들겠습니다. 일반적으로 다음의 세 단계를 거칩니다.

1. 비어 있는 빌더를 생성합니다.
2. init 함수로 데이터를 채웁니다.

3. 어딘가에 저장합니다.

따라서 head를 다음과 같이 구현할 수 있습니다.

```kotlin
fun head(init: HeadBuilder.() -> Unit) {
    val head = HeadBuilder()
    init.invoke(head)
    // 또는 init(head)
    // 또는 head.init()
    this.head = head
}
```

apply를 이용하면 더 간단하게 만들 수 있습니다. head와 body에서는 Html
Builder에 데이터를 저장하고, 이렇게 만들어진 HtmlBuilder를 html에서 반환
해야 합니다.

```kotlin
fun html(init: HtmlBuilder.() -> Unit): HtmlBuilder {
    return HtmlBuilder().apply(init)
}

class HtmlBuilder {
    private var head: HeadBuilder? = null
    private var body: BodyBuilder? = null

    fun head(init: HeadBuilder.() -> Unit) {
        this.head = HeadBuilder().apply(init)
    }

    fun body(init: BodyBuilder.() -> Unit) {
        this.body = BodyBuilder().apply(init)
    }
}
```

이제 빌더는 DSL에서 정의한 모든 데이터를 가지고 있습니다. 우리는 단순히
파싱한 후에 HTML 텍스트로 만들면 됩니다. 다음은 HTML을 텍스트로 보여
주는 toString 함수와 DslMarker까지 포함한 완성된 코드입니다.

```kotlin
// DSL 정의
@DslMarker
annotation class HtmlDsl
```

```kotlin
@HtmlDsl
fun html(init: HtmlBuilder.() -> Unit): HtmlBuilder {
    return HtmlBuilder().apply(init)
}

@HtmlDsl
class HtmlBuilder {
    private var head: HeadBuilder? = null
    private var body: BodyBuilder? = null

    @HtmlDsl
    fun head(init: HeadBuilder.() -> Unit) {
        this.head = HeadBuilder().apply(init)
    }

    @HtmlDsl
    fun body(init: BodyBuilder.() -> Unit) {
        this.body = BodyBuilder().apply(init)
    }

    override fun toString(): String =
        listOfNotNull(head, body)
            .joinToString(
                separator = "",
                prefix = "<html>\n",
                postfix = "</html>",
                transform = { "$it\n" }
            )
}

@HtmlDsl
class HeadBuilder {
    var title: String = ""
    private var cssList: List<String> = emptyList()

    @HtmlDsl
    fun css(body: String) {
        cssList += body
    }

    override fun toString(): String {
        val css = cssList.joinToString(separator = "") {
            "<style>$it</style>\n"
        }
```

```kotlin
        return "<head>\n<title>$title</title>\n$css</head>"
    }
}

@HtmlDsl
class BodyBuilder {
    private var elements: List<BodyElement> = emptyList()

    @HtmlDsl
    fun h1(text: String) {
        this.elements += H1(text)
    }

    @HtmlDsl
    fun h3(text: String) {
        this.elements += H3(text)
    }

    operator fun String.unaryPlus() {
        elements += Text(this)
    }

    override fun toString(): String {
        val body = elements.joinToString(separator = "\n")
        return "<body>\n$body\n</body>"
    }
}

sealed interface BodyElement
data class H1(val text: String) : BodyElement {
    override fun toString(): String = "<h1>$text</h1>"
}

data class H3(val text: String) : BodyElement {
    override fun toString(): String = "<h3>$text</h3>"
}

data class Text(val text: String) : BodyElement {
    override fun toString(): String = text
}

// DSL 사용
val html = html {
    head {
        title = "My website"
        css("Some CSS1")
```

```
            css("Some CSS2")
        }
        body {
            h1("Title")
            h3("Subtitle 1")
            +"Some text 1"
            h3("Subtitle 2")
            +"Some text 2"
        }
    }

    fun main() {
        println(html)
    }
    /*
    <html>
    <head>
    <title>My website</title>
    <style>Some CSS1</style>
    <style>Some CSS2</style>
    </head>
    <body>
    <h1>Title</h1>
    <h3>Subtitle 1</h3>
    Some text 1
    <h3>Subtitle 2</h3>
    Some text 2
    </body>
    </html>
    */
```

DSL은 언제 사용해야 할까?

DSL은 정보를 정의할 수 있는 방법을 제공합니다. DSL은 원하는 어떤 정보든 표현할 수 있지만, 사용자 입장에서는 그 정보들이 나중에 정확히 어떻게 사용되는지가 명확하지 않을 수 있습니다. 젯팩 컴포즈, 앤코(Anko), 토네이도FX, HTML DSL 등에서 뷰들이 정의한 대로 만들어지리라 믿지만, 그 과정이 정확히 어떻게 이루어지는지는 추적하기 어렵습니다. DSL은 디버깅하기 어려우며, DSL에 낯선 개발자들에게 혼란을 줍니다. 성능에도 영향을 줄 수 있습니다. 따라서 간단한 대체 기능을 이용할 수 있다면 DSL은 과하다고 볼 수 있습니다.

하지만 다음과 같은 것들을 표현할 때는 DSL이 정말 유용합니다.

- 복잡한 데이터 구조
- 계층 구조
- 어마어마한 양의 데이터

광고 캠페인 설정이 필요했던 프로젝트가 생각납니다. 처음에는 설정을 YAML 파일에 정의했지만, 나중에는 DSL로 변경했습니다. 광고가 보여지는 규칙 정의를 코드로 하기 위해서였습니다. DSL은 사용자에게 더 나은 코드 제안과 유연성을 제공하였습니다. for 문 안에서 일련의 캠페인을 정의한 코드도 볼 수 있었습니다. YAML 파일은 간단한 설정에는 좋지만, 복잡한 설정에는 DSL을 사용하면 얻는 이점이 많습니다.

DSL 같은 구조 없이, 빌더만 심지어 생성자만 이용해서도 모든 것을 표현할 수 있습니다. DSL은 이런 구조에 수반되는 보일러플레이트 코드를 없애 줍니다. 보일러플레이트 코드(boilerplate code)[8]가 반복되고 이를 없애 줄 수 있는 간단한 코틀린 기능이 없다면 DSL 사용을 고려해야 합니다.

요약

도메인 특화 언어(DSL)는 언어 내부에 새로운 전용 언어를 정의한 구조입니다. 코틀린은 타입에 안전하고, 읽기 쉬우며, 사용하기도 쉬운 DSL을 만들 수 있는 기능을 제공합니다. 이를 이용하면 HTML 코드나 설정과 같이 복잡한 객체 또는 계층 생성을 간단하게 만들 수 있습니다. 반면, 주니어 개발자에게는 DSL이 혼동을 일으키고 어려울 수 있으며, 직접 정의하기도 쉽지 않을 것입니다. 따라서 DSL은 실질적인 가치가 있을 때만 사용해야 합니다. 애플리케이션이 아닌 라이브러리에서 DSL을 정의하는 것이 바람직한 이유입니다. 좋은 DSL을 만들기란 쉽지 않은 일이지만, 잘 정의하면 더 나은 프로젝트를 만들 수 있습니다.

---

8 (옮긴이) 보일러플레이트 코드란 핵심 비즈니스 로직과는 관련 없이 여러 군데에서 똑같이 반복되는 코드를 말합니다.

연습문제: HTML 테이블 DSL

HTML 테이블을 생성하는 프로젝트에 참여하고 있다고 합시다. 지금까지는 다음과 같은 방법으로 테이블을 생성했습니다.

```kotlin
fun createTable(): TableBuilder {
    val td1 = TdBuilder()
    td1.text = "A"
    val td2 = TdBuilder()
    td2.text = "B"

    val tr1 = TrBuilder()
    tr1.tds += td1
    tr1.tds += td2

    val td3 = TdBuilder()
    td3.text = "C"
    val td4 = TdBuilder()
    td4.text = "D"

    val tr2 = TrBuilder()
    tr2.tds += td3
    tr2.tds += td4

    val html = TableBuilder()
    html.trs += tr1
    html.trs += tr2
    return html
}

data class TableBuilder(
    var trs: List<TrBuilder> = emptyList()
) {
    override fun toString(): String =
        "<table>${trs.joinToString(separator = "")}</table>"
}
data class TrBuilder(
    var tds: List<TdBuilder> = emptyList()
) {
    override fun toString(): String =
        "<tr>${tds.joinToString(separator = "")}</tr>"
}
data class TdBuilder(
    var text: String = ""
) {
```

```
    override fun toString(): String = "<td>$text</td>"
}
```

이 코드를 더 읽기 쉽고 사용하기 편하게 만들고 싶어서 DSL을 만들기로 했습니다. 테이블을 다음과 같은 방식으로 생성하고 싶습니다.

```
fun createTable(): TableBuilder = table {
    tr {
        td { +"A" }
        td { +"B" }
    }
    tr {
        td { +"C" }
        td { +"D" }
    }
}
```

이 코드가 동작하게 하려면 table, tr, td, text라는 네 가지 함수가 필요합니다. 이중 일부는 빌더 클래스들에 추가되어야 합니다.

연습문제 깃허브 저장소의 functional/dsl/Table.kt 파일에서 시작 코드, 단위 테스트, 사용 예시를 확인할 수 있습니다. 프로젝트를 로컬 환경으로 클론하여 문제를 풀어 보세요.

정답은 책 뒤편의 '연습문제 해답'에서 확인할 수 있습니다.

연습문제: 사용자 테이블 행 생성하기

이전 연습문제의 연장선으로, 사용자 세부 정보를 담은 테이블을 생성하는 함수를 정의하기로 했습니다. 이 함수를 다음과 같이 구현했습니다.

```
fun userTable(users: List<User>): TableBuilder = table {
    tr {
        td { +"Id" }
        td { +"Name" }
        td { +"Points" }
        td { +"Category" }
    }
    for (user in users) {
        userRow(user)
    }
}
```

이번 과제는 유일하게 남은 userRow 함수를 정의하는 것입니다. 이 함수에서
사용자 세부 정보를 담은 테이블 행을 생성해야 합니다. 사용 방법은 다음과
같습니다.

```
fun main() {
    val users = listOf(
        User("1", "Randy", 2, "A"),
        User("4", "Andy", 4, "B"),
        User("3", "Mandy", 1, "C"),
        User("5", "Cindy", 5, "A"),
        User("2", "Lindy", 3, "B"),
    )
    val table = userTable(users)
    println(table)
}
// <table>
// <tr><td>Id</td><td>Name</td>
// <td>Points</td><td>Category</td></tr>
// <tr><td>1</td><td>Randy</td><td>2</td><td>A</td></tr>
// <tr><td>4</td><td>Andy</td><td>4</td><td>B</td></tr>
// <tr><td>3</td><td>Mandy</td><td>1</td><td>C</td></tr>
// <tr><td>5</td><td>Cindy</td><td>5</td><td>A</td></tr>
// <tr><td>2</td><td>Lindy</td><td>3</td><td>B</td></tr>
// </table>
```

연습문제 깃허브 저장소의 functional/dsl/UsersTable.kt 파일에서 시작 코드,
단위 테스트, 사용 예시를 확인할 수 있습니다. 프로젝트를 로컬 환경으로 클
론하여 문제를 풀어 보세요.

　정답은 책 뒤편의 '연습문제 해답'에서 확인할 수 있습니다.

11장

F u n c t i o n a l   K o t l i n

스코프 함수

표준 라이브러리에는 스코프 함수라고 하는, 아주 작지만 유용한 인라인 함수들이 있습니다. 스코프 함수라고 하면 일반적으로 let, apply, also, run, with 를 지칭합니다. 개발자에 따라 takeIf와 takeUnless까지 포함시키기도 합니다. 모든 스코프 함수는 제네릭 타입의 확장 함수입니다.[1] 스코프 함수는 모두 코드가 몇 줄 되지 않습니다. 제가 가장 유용하다고 생각하는 함수부터 시작하여 모든 스코프 함수의 사용법과 동작 방식을 살펴보겠습니다.

let

```
// 컨트랙트(contract) 없이 let을 구현한 코드
inline fun <T, R> T.let(block: (T) -> R): R = block(this)
```

 컨트랙트에 대해서는 《코틀린 아카데미: 고급편》의 4장 '코틀린 컨트랙트'에서 자세히 설명합니다.

let은 수많은 코틀린 관용구에서 사용되는 아주 간단한 함수입니다. map 함수와 비슷하지만 단일 객체에 사용되며, 람다 표현식으로 객체를 변환합니다.

---

1 단, with는 예외적으로 확장 함수가 아닙니다.

```
fun main() {
    println(listOf("a", "b", "c").map { it.uppercase() })  // [A, B, C]
    println("a".let { it.uppercase() })                    // A
}
```

주로 어떻게 쓰이는지 살펴봅시다.

단일 객체를 매핑

버퍼링 방식[2]으로 ZIP 압축 파일을 읽고, 압축을 푼 뒤, 그 결과에서 객체를 읽어내는 상황을 떠올려 봅시다. 자바에서는 이런 작업을 수행할 때 주로 입력 스트림을 사용합니다. 먼저 파일을 읽기 위해 FileInputStream을 만들고, 추가로 더 필요한 기능으로 장식(decoration)해 주는 클래스들로 감쌉니다.

```
val fis = FileInputStream("someFile.gz")
val bis = BufferedInputStream(fis)
val gis = ZipInputStream(bis)
val ois = ObjectInputStream(gis)
val someObject = ois.readObject()
```

이 방식은 단 한 번만 사용할 변수를 많이 생성하기 때문에 가독성이 매우 떨어집니다. 중간 단계에서 잘못된 변수를 사용하는 등 실수할 여지가 많아집니다. 어떻게 개선할 수 있을까요? let 함수를 사용하면 됩니다! 다음과 같이 FileInputStream을 생성한 뒤에 let으로 필요한 기능들을 덧붙이면 됩니다.

```
val someObject = FileInputStream("someFile.gz")
    .let { BufferedInputStream(it) }
    .let { ZipInputStream(it) }
    .let { ObjectInputStream(it) }
    .readObject()
```

생성자 참조를 선호한다면 다음 코드처럼도 사용할 수 있습니다.[3]

---

2 (옮긴이) 버퍼링(buffering)이란 파일 입출력 시 물리적인 파일을 직접 조회/기록하는 횟수를 최소화하여 성능을 높이는 기법입니다. 물리적인 파일에서 데이터를 미리 읽어와 버퍼에 저장해 두고, 읽기 명령을 수행하면 버퍼에 있는 데이터를 전달합니다.
3 생성자 참조에 대한 자세한 설명은 5장 '함수 참조'를 참고하세요.

```
val someObject = FileInputStream("someFile.gz")
    .let(::BufferedInputStream)
    .let(::ZipInputStream)
    .let(::ObjectInputStream)
    .readObject()
```

let을 사용하면 대상의 변환 과정을 명확하게 나타낼 수 있습니다. 게다가 특정 단계에서 널이 반환될 가능성이 있으면 안전 호출을 써서 let을 조건부로 사용할 수 있습니다. 활용 예를 준비했습니다. 사용자 토큰을 확인하여 해당 사용자가 수강 중인 과목들을 알려 주는 서비스를 구현한다고 합시다.

```
class CoursesService(
    private val userRepository: UserRepository,
    private val coursesRepository: CoursesRepository,
    private val userCoursesFactory: UserCoursesFactory,
) {
    // let 없이 절차형 방식으로 구현
    fun getActiveCourses(token: String): UserCourses? {
        val user = userRepository.getUser(token)
            ?: return null
        val activeCourses = coursesRepository
            .getActiveCourses(user.id) ?: return null
        return userCoursesFactory.produce(activeCourses)
    }

    // let을 사용한 함수형 방식으로 구현
    fun getActiveCourses(token: String): UserCourses? =
        userRepository.getUser(token)
            ?.let {coursesRepository.getActiveCourses(it.id)}
            ?.let(userCoursesFactory::produce)
}
```

여기서 let이 반드시 필요하지는 않지만, 사용하면 매우 편리합니다. 특히 백엔드 애플리케이션에서 이와 비슷한 방식으로 사용되는 걸 자주 봤습니다. let 덕분에 데이터의 흐름이 명확하게 드러나며, 각 변수의 범위도 쉽게 제어할 수 있습니다. 단, 디버깅이 어려워진다는 단점이 있으니 여러분의 프로젝트에서 let을 사용할지는 여러분 스스로가 신중하게 결정해야 합니다.

멤버 확장 함수의 문제점

이쯤에서, 객체를 한 클래스로부터 다른 클래스로 변환하는 것이 바람직한지에 대한 토의가 진행되고 있다는 사실을 알아 둘 필요가 있습니다. 예를 들어 UserCreationRequest를 UserDto로 변환해야 한다고 합시다. 코틀린에서의 전형적인 방법은 toUserDto나 toDomain 메서드를 멤버 함수나 확장 함수로 정의하는 것입니다.

```
class UserCreationRequest(
    val id: String,
    val name: String,
    val surname: String,
)

class UserDto(
    val userId: String,
    val firstName: String,
    val lastName: String,
)

fun UserCreationRequest.toUserDto() = UserDto(
    userId = this.id,
    firstName = this.name,
    lastName = this.surname,
)
```

이 상태에서 변환 함수가 외부 서비스를 사용해야 한다면 문제가 생깁니다. 그러려면 변환 함수를 클래스 내부에서 정의해야 하는데, 멤버 확장 함수를 정의하는 것은 안티패턴(anti-pattern)[4]입니다.[5]

```
class UserCreationRequest(
    val name: String,
    val surname: String,
)

class UserDto(
    val userId: String,
    val firstName: String,
```

---

4 (옮긴이) 안티패턴이란 실제 많이 쓰이지만 비효율적이거나 비생산적인 패턴을 말합니다.
5 자세한 설명은 《Effective Kotlin 2/E》의 '아이템 46: 멤버 확장 함수의 사용을 피하라(Avoid member extensions)'를 참고하세요.

```
    val lastName: String,
)

class UserCreationService(
    private val userRepository: UserRepository,
    private val idGenerator: IdGenerator,
) {
    fun addUser(request: UserCreationRequest): User =
        request.toUserDto()
            .also { userRepository.addUser(it) }
            .toUser()

    // 안티패턴!
    private fun UserCreationRequest.toUserDto() = UserDto(
        userId = idGenerator.generate(),
        firstName = this.name,
        lastName = this.surname,
    )
}
```

이 문제를 해결하는 좋은 방법은 변환 함수를 일반 함수로 정의하고, 객체에서 호출하고 싶을 때 let을 사용하는 것입니다.

```
class UserCreationRequest(
    val name: String,
    val surname: String,
)

class UserDto(
    val userId: String,
    val firstName: String,
    val lastName: String,
)

class UserCreationService(
    private val userRepository: UserRepository,
    private val idGenerator: IdGenerator,
) {
    fun addUser(request: UserCreationRequest): User =
        request.let { createUserDto(it) }
        // 또는 request.let(::createUserDto)
            .also { userRepository.addUser(it) }
            .toUser()
```

```
    private fun createUserDto(request: UserCreationRequest) =
        UserDto(
            userId = idGenerator.generate(),
            firstName = request.name,
            lastName = request.surname,
        )
}
```

이 방식은 객체 생성 로직을 UserDtoFactory와 같은 클래스로 추출하더라도 잘 동작합니다.

```
class UserCreationService(
    private val userRepository: UserRepository,
    private val userDtoFactory: UserDtoFactory,
) {
    fun addUser(request: UserCreationRequest): User =
        request.let { userDtoFactory.produce(it) }
            .also { userRepository.addUser(it) }
            .toUser()
// 또는
// fun addUser(request: UserCreationRequest): User =
//     request.let(userDtoFactory::produce)
//         .also(userRepository::addUser)
//         .toUser()
}
```

처리 마지막 단계로 연산 이동시키기

let이 두 번째로 자주 사용되는 예는 연산을 파이프라인의 마지막 단계로 이동시킬 때입니다. 집(zip) 파일에서 객체를 읽는 앞의 예에서, 마지막에 객체를 처리할 연산을 추가하는 경우를 떠올려 봅시다. 그리고 객체를 출력하는 간단한 연산을 추가합니다. 이때도 똑같은 문제가 발생합니다. 새로운 변수를 만들거나, 모든 처리 과정을 print 호출로 감싸야 합니다.

```
// 좋지는 않지만, 나쁘지도 않습니다.
val someObject = FileInputStream("/someFile.gz")
    .let(::BufferedInputStream)
    .let(::ZipInputStream)
    .let(::ObjectInputStream)
    .readObject()
println(someObject)
```

```
// 끔찍한 방법입니다.
print(
    FileInputStream("/someFile.gz")
        .let(::BufferedInputStream)
        .let(::ZipInputStream)
        .let(::ObjectInputStream)
        .readObject()
)
```

이를 해결하는 방법은 '결과에 대해' print 함수를 호출하는 let(또는 다른 스코프 함수)을 사용하는 것입니다.

```
FileInputStream("/someFile.gz")
    .let(::BufferedInputStream)
    .let(::ZipInputStream)
    .let(::ObjectInputStream)
    .readObject()
    .let(::print)
```

 이럴 때는 let 대신 also를 사용해야 한다고 말하는 개발자도 있습니다. let은 변환 함수이므로 부수 효과가 없어야 하며, also는 부수 효과가 있을 때를 위해 준비되어 있기 때문입니다. 하지만 이런 상황에서 let을 사용하는 경우도 많습니다.

let은 안전 호출이 가능하여, 널이 아닌 객체에서만 연산을 수행할 수 있습니다.

```
FileInputStream("/someFile.gz")
    .let(::BufferedInputStream)
    .let(::ZipInputStream)
    .let(::ObjectInputStream)
    .readObject()
    ?.let(::print)
```

널 가능성 다루기

let을 포함한 모든 스코프 함수는 객체에서 호출되기 때문에 안전 호출을 지원합니다. 앞의 사용 예에서 안전 호출이 어떻게 도움이 되는지 확인했습니다. 하지만 더 나아가서 let을 단지 널 가능성을 처리하기 위해 호출하는 경우도 많습니다. user 변수가 null이 아닐 때 사용자 이름을 출력하는 다음 예를 봅시다. 다른 스레드가 변수를 변경할 수도 있기 때문에 스마트 캐스팅은 할 수 없습니다. 가장 쉬운 해법은 let을 사용하는 것입니다.

```
class User(val name: String)

var user: User? = null

fun showUserNameIfPresent() {
    // 프로퍼티를 스마트 캐스팅하려고 시도하기 때문에 동작하지 않습니다.
    // if (user != null) {
    //     println(user.name)
    // }

    // 동작합니다.
    // val u = user
    // if (u != null) {
    //     println(u.name)
    // }

    // 완벽합니다.
    user?.let { println(it.name) }
}
```

여기서 user가 널이면 (안전 호출을 사용했기 때문에) let은 호출되지 않습니다. 즉, 아무 일도 일어나지 않습니다. user가 널이 아니면 let이 호출되어 println이 사용자 이름을 출력합니다. 극단적인 경우에도 이 방법은 완전히 스레드 안전(thread-safe)합니다. user가 널이 아니었다가 안전 호출 직후 null로 바뀌더라도, it은 널 가능성을 확인할 때의 사용자를 참조하고 있기 때문에 이름 출력도 정상적으로 이루어집니다.

 이런 상황에서는 let이 아닌 also를 사용해야 한다고 주장하는 개발자도 있습니다. 하지만 널을 확인할 때도 let 역시 많이 쓰입니다.

지금까지 let이 쓰이는 주요 예들을 살펴보았습니다. let은 정말 유용하지만, 비슷한 특징을 가진 스코프 함수들이 더 있습니다. 이미 몇 번 언급한 also부터 시작해 봅시다.

also

```
// 컨트랙트 없이 `also`를 구현한 코드
inline fun <T> T.also(block: (T) -> Unit): T {
    block(this)
    return this
}
```

also가 쓰일 수 있는 상황을 앞에서 짧게 언급했습니다. 지금부터는 제대로 알
아봅시다. also는 let과 아주 비슷하지만, 람다 표현식의 결과를 반환하는 대
신 also가 실행된 객체를 반환합니다. let이 단일 객체에서 map의 역할을 한다
면, also는 단일 객체에서 onEach의 역할을 한다고 볼 수 있습니다(onEach도 실
행된 객체를 반환합니다).

also는 객체에서 연산을 실행할 때 사용합니다. 이러한 연산은 일반적으로
부수 효과를 동반합니다. 사용자를 데이터베이스에 추가할 때 이미 확인한 바
있습니다.

```
fun addUser(request: UserCreationRequest): User =
    request.toUserDto()
        .also { userRepository.addUser(it) }
        .toUser()
```

로그를 출력하거나 캐시에 값을 저장하는 일처럼 온갖 부수적인 추가 연산들
에 사용할 수 있습니다.

```
fun addUser(request: UserCreationRequest): User =
    request.toUserDto()
        .also { userRepository.addUser(it) }
        .also { log("User created: $it") }
        .toUser()

class CachingDatabaseFactory(
    private val databaseFactory: DatabaseFactory,
) : DatabaseFactory {
    private var cache: Database? = null

    override fun createDatabase(): Database = cache
        ?: databaseFactory.createDatabase()
            .also { cache = it }
}
```

이미 이야기했듯이, 널 가능한 객체를 언팩(unpack)하여 널 불가 객체를 꺼내거나 연산을 맨 뒤로 보낼 때 let 대신 also를 사용할 수 있습니다.

```
class User(val name: String)

var user: User? = null

fun showUserNameIfPresent() {
    user?.also { println(it.name) }
}

fun readAndPrint() {
    FileInputStream("/someFile.gz")
        .let(::BufferedInputStream)
        .let(::ZipInputStream)
        .let(::ObjectInputStream)
        .readObject()
        ?.also(::print)
}
```

takeIf와 takeUnless

```
// 컨트랙트 없이 `takeIf`를 구현한 코드
inline fun <T> T.takeIf(predicate: (T) -> Boolean): T? {
    return if (predicate(this)) this else null
}

// 컨트랙트 없이 `takeUnless`를 구현한 코드
inline fun <T> T.takeUnless(predicate: (T) -> Boolean): T? {
    return if (!predicate(this)) this else null
}
```

let이 단일 객체에서 map의 역할을 하고, also는 onEach의 역할을 한다고 배웠습니다. 이제 단일 객체에서 filter와 filterNot의 역할을 하는 takeIf와 takeUnless를 배울 차례입니다.

이 두 함수는 프레디키트가 반환하는 값에 따라 실행된 객체 또는 null을 반환합니다. takeIf는 프레디키트의 결과가 true면 객체를 그대로 반환하며, false면 null을 반환합니다. takeUnless는 takeIf와 반대로 동작합니다(그래서 takeUnless(pred)와 takeIf { !pred(it) }는 동일합니다).

두 함수는 올바르지 않은 객체를 거를 때 사용합니다. 파일이 존재할 때만 읽고 싶은 경우를 예로 들 수 있습니다.

```kotlin
val lines = File("SomeFile")
    .takeIf { it.exists() }
    ?.readLines()
```

안전성을 위해 이러한 확인 과정을 거치곤 합니다. 예를 들어, readLine은 파일이 존재하지 않으면 예외를 던집니다. 올바르지 않은 객체를 null로 대체하면 안전하게 처리할 수 있습니다. 올바르지 않은 결과를 버릴 때도 사용합니다.

```kotlin
class UserCreationService(
    private val userRepository: UserRepository,
) {
    fun readUser(token: String): User? =
        userRepository.findUser(token)
            .takeIf { it.isValid() }
            ?.toUser()
}
```

apply

```kotlin
// 컨트랙트 없이 `apply`를 구현한 코드
inline fun <T> T.apply(block: T.() -> Unit): T {
    block()
    return this
}
```

약간 다른 유형의 스코프 함수로, 10장 '타입에 안전한 DSL 빌더'에서 이미 사용해 본 apply를 소개할 차례입니다. 객체에서 호출되며 그 객체를 반환한다는 점에서 also와 비슷하게 동작합니다. 하지만 매개변수가 일반 함수 타입이 아니라 리시버가 있는 함수 타입이라는 점에서 큰 차이가 있습니다.

also를 apply로 바꾸고, 람다 표현식에서 인수(주로 it)를 리시버(this)로 바꾸면, 바꾸기 전 코드와 결과가 동일합니다. 하지만 이 작은 차이가 정말 중요합니다. 10장에서 배운 것처럼, 리시버를 바꿀 수 있다는 점은 아주 편리하지만 정말 위험하기도 합니다. 따라서 생각 없이 리시버를 바꾸면 안 되며, apply

를 특정 용도로만 제한해야 합니다. 대표적으로 객체를 생성한 후 초기화할 때와 DSL 함수를 정의할 때 apply를 사용합니다.

```kotlin
fun createDialog() = Dialog().apply {
    title = "Some dialog"
    message = "Just accept it, ok?"
    // ...
}

fun showUsers(users: List<User>) {
    listView.apply {
        adapter = UsersListAdapter(users)
        layoutManager = LinearLayoutManager(context)
    }
}
```

부주의하게 리시버를 오버로딩할 때의 위험성

this 리시버는 암묵적으로 사용될 수 있다는 점에서 편리하지만 잠재적으로 위험할 수 있습니다. 어떤 리시버가 사용되었는지 모른다는 건 좋다고 말할 수 없습니다. 자바스크립트 같은 언어에서 실수를 유발하는 흔한 원인이기도 합니다. 코틀린에서는 리시버를 더 잘 통제할 수 있지만, 실수할 여지가 여전히 많습니다. 그 예로, 다음 코드가 어떤 결과를 내는지 맞춰 보세요.

```kotlin
class Node(val name: String) {
    fun makeChild(childName: String) =
        create("$childName")
            .apply { print("Created $name") }

    fun create(name: String): Node? = Node(name)
}

fun main() {
    val node = Node("parent")
    node.makeChild("child")
}
```

얼핏 "Created child"를 출력할 것 같지만, 실제로는 "Created parent"를 출력합니다. 왜일까요? create 함수에서 널 가능한 결과 타입을 선언했으므로, apply

안에서의 리시버는 Node?가 됩니다. Node? 타입에서 name을 곧바로 사용할 수 있을까요? 없습니다. 먼저 타입을 언팩하여 널 가능성을 제거해야 합니다. 하지만 코틀린이 (어떠한 경고도 없이) 자동으로 외부 스코프를 사용하기 때문에 "Created parent"를 출력하게 됩니다. 결국 실수를 저지른 것입니다. 해결책은 불필요한 리시버를 만들지 않는 것입니다. 이 경우에는 apply를 사용하면 안 됩니다. 당연하게도 건네받은 인수를 사용하도록 코틀린이 강제해 주어 안전한 also를 사용해야 합니다.

```kotlin
class Node(val name: String) {
    fun makeChild(childName: String) =
        create("$childName")
            .also { print("Created ${it?.name}") }

    fun create(name: String): Node? = Node(name)
}

fun main() {
    val node = Node("parent")
    node.makeChild("child")  // Created child
}
```

with

```kotlin
// 컨트랙트 없이 `with`를 구현한 코드
inline fun <T, R> with(receiver: T, block: T.() -> R): R =
    receiver.block()
```

리시버를 바꾸는 건 사소한 일이 아니므로 확실히 보이도록 하는 것이 좋습니다. apply는 객체 초기에 적합하며, 그 외 대부분의 경우에는 with가 많이 쓰입니다. 주로 인수가 리시버임을 명시하는 용도로 with를 사용합니다.

다른 스코프 함수와 달리, with는 첫 번째 인수를 람다 표현식의 리시버로 사용하는 최상위 함수입니다. 따라서 새로운 리시버의 정의를 확실하게 볼 수 있습니다.

with를 사용하는 대표적인 예로는 코틀린 코루틴에서 스코프 변경을 명확하게 드러내는 경우와 테스트에서 객체 하나에 대해 어설션을 여러 가지 지정하는 경우가 있습니다.

```
// 코틀린 코루틴에서 스코프 변경을 명확하게 드러내는 경우
val scope = CoroutineScope(SupervisorJob())
with(scope) {
    launch {
        // ...
    }
    launch {
        // ...
    }
}

// 단위 테스트에서의 어설션
with(user) {
    assertEquals(aName, name)
    assertEquals(aSurname, surname)
    assertEquals(aWebsite, socialMedia?.websiteUrl)
    assertEquals(aTwitter, socialMedia?.twitter)
    assertEquals(aLinkedIn, socialMedia?.linkedin)
    assertEquals(aGithub, socialMedia?.github)
}
```

with는 block 인수의 결과를 반환하기 때문에 변환 함수로 사용할 수 있습니다. 하지만 block 인수를 사용하는 일은 흔치 않으니 Unit을 반환한다고 가정하는 것이 좋습니다.

run

```
// 컨트랙트 없이 `run`을 구현한 코드
inline fun <R> run(block: () -> R): R = block()

// 컨트랙트 없이 `run`을 구현한 코드
inline fun <T, R> T.run(block: T.() -> R): R = block()
```

4장 '람다 표현식'에서 최상위 함수인 run을 만나보았습니다. run 함수는 단순히 람다 표현식을 실행할 뿐입니다. 람다 표현식 { /*...*/ }()을 직접 실행할 때보다 나은 점은 run이 인라인 함수라는 것입니다. 기본적인 형태의 run 함수는 스코프를 만들 때 사용합니다. 일반적이지는 않지만 때때로 유용합니다.

```
val locationWatcher = run {
    val positionListener = createPositionListener()
    val streetListener = createStreetListener()
    LocationWatcher(positionListener, streetListener)
}
```

run 함수의 또 다른 형태는 객체에서 호출되는 경우입니다. 이때 객체는 run의 람다 표현식 내부에서의 리시버가 됩니다. 하지만 저는 run 함수가 유용하게 쓰이는 상황을 찾지 못했습니다. 특정 용도로 run을 사용하는 개발자들이 있긴 하지만, 실무 프로젝트에서 사용되는 일은 정말 드뭅니다. 개인적으로 저는 run을 사용하지 않습니다.[6]

스코프 함수 사용하기

이번 장에서는 '스코프 함수'라고 하는, 작지만 유용한 함수들을 많이 살펴보았습니다. 대부분의 스코프 함수는 용도가 명확합니다. 몇몇 함수는 특정한 용도에서 서로 경쟁하기도 합니다(특히 let과 apply, apply와 with). 모든 스코프 함수를 잘 알고 적재적소에 사용하면 깔끔하고 좋은 코드를 작성할 수 있습니다. 단, 적합한 경우에만 사용하고, 그저 써보겠다는 생각으로 사용하지는 말기 바랍니다.

다음은 주요 스코프 함수들의 차이를 간단히 비교한 표입니다.

리시버 참조 \ 반환값	리시버	람다 표현식의 결과
it	also	let
this	apply	run/with

---

6 run이 다른 스코프 함수보다 적합한 상황이 있다면 저에게 이메일을 보내 주세요. 제 이메일 주소는 marcinmoskala@gmail.com입니다.

연습문제: 스코프 함수 사용하기

다음은 StudentController를 구현한 코드입니다. 스코프 함수를 사용하여 모든 메서드가 단일 표현식 함수가 되도록 수정해 보세요.

```kotlin
class StudentController(
    private val studentRepository: StudentRepository,
    private val studentFactory: StudentFactory,
    private val logger: Logger,
) {
    fun addStudent(
        addStudentRequest: AddStudentRequest
    ): Student? {
        val student = studentFactory
            .produceStudent(addStudentRequest)
            ?: return null
        studentRepository.addStudent(student)
        return student
    }

    fun getStudent(studentId: String): ExposedStudent? {
        val student = studentRepository.getStudent(studentId)
            ?: return null

        logger.log("Student found: $student")

        return studentFactory.produceExposed(student)
    }

    fun getStudents(semester: String): List<ExposedStudent> {
        val request = produceGetStudentsRequest(semester)
        val students = studentRepository.getStudents(request)
        logger.log("${students.size} students in $semester")
        return students
            .map { studentFactory.produceExposed(it) }
    }

    private fun produceGetStudentsRequest(
        semester: String,
    ): GetStudentsRequest {
        val request = GetStudentsRequest()
        request.expectedSemester = semester
```

```
        request.minResult = 3.0
        return request
    }
}
```

> **!** 조심하세요! 변환 후의 형태가 더 짧다고 해서 반드시 더 낫다는 뜻은 아닙니다. 경험이
> 적은 코틀린 개발자에게는 읽기 어려울 수 있으며, 디버깅하기도 어렵습니다. 실전에서
> 는 스코프 함수를 신중하게 사용해야 합니다.

연습문제 깃허브 저장소의 functional/scope/Scope.kt 파일에서 클래스 의존성
정의를 포함한 완벽한 코드와 단위 테스트를 확인할 수 있습니다. 프로젝트를
로컬 환경으로 클론하여 문제를 풀어 보세요.
　정답은 책 뒤편의 '연습문제 해답'에서 확인할 수 있습니다.

연습문제: orThrow

매일같이 코딩을 하다 보니 여러 줄로 된 표현식 중간에서 값이 null이면 예외
를 던지는 함수가 필요한 경우가 제법 있었습니다. 그래서 저는 이런 용도의
함수인 orThrow를 정의했습니다. 다음은 orThrow를 사용한 예입니다.

```
fun getUser(userId: String) = userRepository
    .getUser(userId)
    .orThrow { UserNotFoundException(userId) }
    .also { log("Found user: $it") }
    .toUserJson()
```

이번 과제는 orThrow 함수를 구현하는 것입니다. 값이 null이면 람다 표현식의
인수로 명시한 예외를 던져야 합니다. 그렇지 않으면 널 불가 타입의 값을 반
환해야 합니다.
　연습문제 깃허브 저장소의 functional/scope/orThrow.kt 파일에서 단위 테
스트와 사용 예시를 확인할 수 있습니다. 프로젝트를 로컬 환경으로 클론하여
문제를 풀어 보세요.
　정답은 책 뒤편의 '연습문제 해답'에서 확인할 수 있습니다.

12장

컨텍스트 리시버

✓ 컨텍스트 리시버는 코틀린 1.6.20 버전에 추가된 기능이라서 이전 버전에서는 동작하지 않습니다. 1.6.20 버전에서도 실험적 기능이기 때문에 '-Xcontext-receivers' 컴파일러 인수를 추가해야 합니다.

확장 함수는 크게 두 가지 유형의 문제를 해결하는 데 많은 도움을 줍니다. 첫 번째는 아주 직관적인 것으로, 메서드를 추가하여 타입을 확장하는 문제입니다. 확장 함수라는 개념이 나온 근본적인 이유이기도 합니다. 예를 들어, String 타입에 capitalize 메서드가 필요하거나 Iterable<Int> 타입에 product 메서드가 필요할 때, 확장 함수를 이용하면 아무런 제약 없이 언제든지 메서드를 추가할 수 있습니다.

```kotlin
fun String.capitalize() = this
    .replaceFirstChar(Char::uppercase)

fun Iterable<Int>.product() = this
    .fold(1, Int::times)

fun main() {
    println("alex".capitalize())            // Alex
    println("this is text".capitalize())    // This is text
    println((1..5).product())               // 120
    println(listOf(1, 3, 5).product())      // 15
}
```

두 번째 용도는 덜 명확하지만 아주 흔하게 볼 수 있습니다. 일반 함수를 확장 함수로 변환하여 컨텍스트를 명시적으로 전달하는 용도입니다. 예를 몇 가지 살펴봅시다.

코틀린 HTML DSL을 사용하며, 몇몇 구조를 함수로 추출하고 싶은 상황을 떠올려 봅시다. 예를 들어 10장 '타입에 안전한 DSL 빌더'에서 정의한 DSL을 사용하고 있으며, 표준 헤드(head)를 설정해 주는 standardHead 함수를 다음과 같이 정의한다고 해 봅시다. 이 함수에는 확장 리시버로 제공하는 HtmlBuilder 에 대한 참조가 필요합니다.

```
fun HtmlBuilder.standardHead() {
    head {
        title = "My website"
        css("Some CSS1")
        css("Some CSS2")
    }
}

val html = html {
    standardHead()
    body {
        h1("Title")
        h3("Subtitle 1")
        +"Some text 1"
        h3("Subtitle 2")
        +"Some text 2"
    }
}
```

이런 경우에 확장 함수를 정의하는 패턴은 아주 많이 쓰일 뿐 아니라 편리하기 도 합니다. 하지만 확장 함수의 원래 설계 목적과는 거리가 멉니다. standard Head를 HtmlBuilder 타입 객체에서 호출할 의도는 없었습니다. 대신에 Html Builder 타입의 리시버가 있을 때 사용되는 걸 의도한 것입니다. 컨텍스트를 전달받는 용도로 확장 함수를 이용한 것입니다. 하지만 이런 용도로는 특화된 기능이 따로 있는 것이 낫습니다. 왜 그럴까요? 확장 함수를 리시버 전달에 이 용할 때 생기는 문제점을 봅시다.

확장 함수의 문제점

확장 함수는 객체에서 호출할 수 있는 새로운 메서드를 정의하기 위해 설계되었기 때문에 컨텍스트를 전달받기 위한 목적으로는 잘 동작하지 않습니다. 가장 중요한 문제는 다음 세 가지입니다.

- 확장 함수는 리시버 개수가 하나로 제한됩니다.
- 확장 리시버를 컨텍스트 전달 목적으로 사용하면 함수의 의미와 사용법을 헷갈리게 만들 수 있습니다.
- 확장 함수는 리시버 객체에서만 호출되어야 합니다.

각각의 문제를 자세히 들여다 봅시다.

확장 함수는 리시버 개수가 하나로 제한됩니다. 확장 함수를 객체에서 호출하는 메서드로 정의하는 건 자연스럽지만, 리시버 전달용으로 사용될 때는 그렇지 않습니다.

예를 들어 코틀린 코루틴을 사용할 때 플로우를 코루틴 스코프에서 시작하는 경우가 많습니다.[1] 스코프는 주로 리시버로 사용하지만, 스코프를 실행할 때 사용하는 함수는 이미 Flow<T>의 확장 함수이기 때문에 CoroutineScope의 확장 함수가 될 수는 없습니다. 따라서 CoroutineScope를 일반 인수로 받는 launchIn 함수가 존재하며, 다음과 같이 주로 launchIn(this) 형태로 호출합니다.

```
import kotlinx.coroutines.coroutineScope
import kotlinx.coroutines.flow.*

fun <T> Flow<T>.launchIn(scope: CoroutineScope): Job =
    scope.launch { collect() }

suspend fun main(): Unit = coroutineScope {
    flowOf(1, 2, 3)
    .onEach { print(it) }
    .launchIn(this)
}
```

1 자세한 설명은《코틀린 코루틴》을 참고하세요.

확장 리시버를 컨텍스트 전달 목적으로 사용하면 함수의 의미와 사용법을 헷갈리게 만들 수 있습니다. 사용자에게 알림을 보내는 sendNotification 함수를 생각해 봅시다. 이 함수는 부가적인 기능으로 로거를 사용해 정보를 제공합니다. 그리고 애플리케이션 어디서든 로거를 암묵적으로 사용할 수 있도록 클래스들에서 LoggerContext 인터페이스를 구현했다고 합시다. sendNotification 함수를 호출할 때 LoggingContext를 전달해야 하는데, 가장 편리한 방법은 리시버로 전달하는 것입니다. 그래서 sendNotification 함수를 LoggerContext의 확장 함수로 정의했습니다. 하지만 이 방법은 sendNotification이 LoggingContext의 메서드라는 인상을 주기 때문에 아주 나쁜 설계라고 할 수 있습니다.

```
interface LoggingContext {
    val logger: Logger
}

fun LoggingContext.sendNotification(
    notification: NotificationData
) {
    logger.info("Sending notification $notification")
    notificationSender.send(notification)
}
```

확장 함수는 리시버 객체에서만 호출되어야 합니다. 이는 확장 함수를 만든 정확한 목적이며, 리시버를 암묵적으로 전달할 목적으로 확장 함수를 사용하는 것은 좋은 생각이 아닙니다. 앞에서 본 standardHead의 예를 생각해 봅시다. HTML DSL에서 사용하기 위해 만들었지만 HtmlBuilder 타입의 객체에서 호출되는 걸 원하지는 않습니다.

```
// 좋습니다.
html {
    standardHead()
}

// 이렇게 하면 안 됩니다.
builder.standardHead()

// 이렇게 할 것입니다.
with(receiver) {
```

```
    standardHead()
}
```

이 모든 문제를 해결하기 위해 코틀린은 '컨텍스트 리시버'라는 기능을 도입했습니다.

컨텍스트 리시버 소개

코틀린 1.6.20은 함수에 암묵적인 리시버를 전달하는 용도로 새로운 기능을 도입했습니다. 바로 **컨텍스트 리시버**(context receiver)라는 개념으로, 앞에서 말한 모든 문제를 해결합니다. 어떻게 사용할까요? 어떤 함수든 상관없이 context 키워드 다음의 괄호 안에 컨텍스트 리시버 타입을 지정할 수 있습니다. 이렇게 하면 해당 함수들은 지정된 타입의 리시버를 가지게 되며, 명시된 리시버들이 모두 존재하는 스코프에서 호출되어야 합니다.

```
class Foo {
    fun foo() {
        print("Foo")
    }
}

context(Foo)
fun callFoo() {
    foo()
}

fun main() {
    with(Foo()) {
        callFoo()
    }
}
```

중요한 점은 컨텍스트 리시버 함수를 호출하면 암묵적으로 리시버가 있다고 생각하기 때문에, 리시버 타입의 객체에서 호출할 수는 없다는 것입니다.

```
fun main() {
    Foo().callFoo()  // 에러
}
```

명시적인 컨텍스트 리시버를 사용할 때는 라벨을 사용해야 합니다. this@ 다음에 사용하고 싶은 리시버의 타입을 지정하면 됩니다.

```
context(Foo)
fun callFoo() {
    this@Foo.foo()  // 괜찮습니다.
    this.foo()       // this는 정의되지 않았기 때문에 에러가 발생합니다.
}
```

컨텍스트 리시버로 리시버 타입을 여러 개 지정할 수 있습니다. 예를 들어, 다음 코드에서 callFooBoo 함수의 리시버 타입은 Foo와 Boo입니다.

```
class Foo {
    fun foo() {
        print("Foo")
    }
}

class Boo {
    fun boo() {
        println("Boo")
    }
}

context(Foo, Boo)
fun callFooBoo() {
    foo()
    boo()
}

context(Foo, Boo)
fun callFooBoo2() {
    callFooBoo()
}

fun main() {
    with(Foo()) {
        with(Boo()) {
            callFooBoo()   // FooBoo
            callFooBoo2()  // FooBoo
        }
    }
    with(Boo()) {
```

```
        with(Foo()) {
            callFooBoo()    // FooBoo
            callFooBoo2()   // FooBoo
        }
    }
}
```

리시버는 'this가 의미하는 것'이라 할 수 있습니다. 확장 함수 리시버, 람다 표현식 리시버, 또는 디스패처 리시버(메서드와 프로퍼티를 감싸는 클래스)가 될 수도 있습니다. 하나의 리시버가 여러 타입에 모두 대응할 수도 있습니다. 그 예로, 다음 코드에서 FooBoo 클래스의 call 메서드에서는 디스패치 리시버 하나가 Foo와 Boo 타입 모두에 대응합니다.

```
package fgfds

interface Foo {
    fun foo() {
        print("Foo")
    }
}

interface Boo {
    fun boo() {
        println("Boo")
    }
}

context(Foo, Boo)
fun callFooBoo() {
    foo()
    boo()
}

class FooBoo : Foo, Boo {
    fun call() {
        callFooBoo()
    }
}

fun main() {
    val fooBoo = FooBoo()
    fooBoo.call()  // FooBoo
}
```

사용 예

이제 컨텍스트 리시버가 앞에서 말한 문제들을 어떻게 해결하는지 보겠습니다. 컨텍스트 리시버를 사용하면 HtmlBuilder에서 호출해야 하는 standard Head를 다음 코드처럼 정의할 수 있습니다. 확장 함수를 사용하는 것보다 나은 방법입니다.

```
context(HtmlBuilder)
fun standardHead() {
    head {
        title = "My website"
        css("Some CSS1")
        css("Some CSS2")
    }
}
```

DSL과 DSL 정의에서 사용해야 하는 함수라면 대부분 컨텍스트 리시버를 사용하는 편이 좋습니다.

플로우를 실행하는 함수도 컨텍스트 리시버의 기능을 활용함으로써 얻는 이점이 있습니다. 컨텍스트 리시버가 CoroutineScope인 Flow<T>에서 launchFlow 확장 함수를 정의했다고 해 봅시다. 이 확장 함수는 CoroutineScope가 리시버인 스코프의 플로우에서 호출되어야 합니다.

```
import kotlinx.coroutines.coroutineScope
import kotlinx.coroutines.flow.*

context(CoroutineScope)
fun <T> Flow<T>.launchFlow(): Job =
    this@CoroutineScope.launch { collect() }

suspend fun main(): Unit = coroutineScope {
    flowOf(1, 2, 3)
        .onEach { print(it) }
        .launchFlow()
}
```

LoggingContext가 필요했던 sendNotification 함수를 다시 떠올려 봅시다. 우리는 이 함수를 확장 함수로 정의하고 싶지 않았습니다. 컨텍스트 리시버를 사용하면 (확장 함수로 정의하지 않고도) LoggingContext를 제공할 수 있습니다.

```
context(LoggingContext)
fun sendNotification(notification: NotificationData) {
    logger.info("Sending notification $notification")
    notificationSender.send(notification)
}
```

다른 예를 몇 가지 더 확인해 봅시다. addItem 메서드로 물품을 추가할 수 있는 외부 DSL 빌더가 있습니다.

```
fun myChristmasLetter() = christmasLetter {
    title = "My presents list"
    addItem("Cookie")
    addItem("Drawing kit")
    addItem("Poi set")
}
```

addItem 메서드 대신 String의 단항 덧셈 연산자를 사용해 물품을 정의할 수 있도록 빌더를 확장하고 싶다고 합시다.

```
fun myChristmasLetter() = christmasLetter {
    title = "My presents list"
    +"Cookie"
    +"Drawing kit"
    +"Poi set"
}
```

이렇게 하려면 String의 확장 함수인 unaryPlus 연산자 함수를 정의해야 합니다. 그런데 addItem 함수로 물품을 추가할 수 있는 리시버도 필요합니다. 이때 컨텍스트 리시버를 활용할 수 있습니다.

```
context(ChristmasLetterBuilder)
operator fun String.unaryPlus() {
    addItem(this)
}
```

안드로이드에서 컨텍스트 리시버를 사용하는 대표적인 예는 코드에서 dp (densitiy-independent pixels, 해상도에 관계없이 이미지를 같은 비율로 표현하기 위한 가상의 픽셀 개념)의 크기를 정할 때입니다. dp는 UI 요소의 너비와 높이를 정하는 표준 방법입니다. 하지만 dp는 화면 밀도에 의존하고 있어 dp의 크기도 뷰에 의존하게 되는 문제가 있습니다. dp 확장 프로퍼티의 컨텍스트 리시버로 View 타입을 지정하는 방법으로 이 문제를 해결할 수 있습니다. 이렇게 하면 뷰 빌더에서 확장 프로퍼티를 빠르고 편리하게 사용할 수 있습니다.

```
context(View)
val Float.dp get() = this * resources.displayMetrics.density

context(View)
val Int.dp get() = this.toFloat().dp
```

이처럼 컨텍스트 리시버가 유용한 예는 많이 있습니다. 하지만 대부분의 경우 DSL 빌더와 관련 있다는 점을 명심해야 합니다.

컨텍스트 리시버가 있는 클래스

컨텍스트 리시버를 클래스에도 적용할 수 있습니다. 컨텍스트 리시버가 있는 클래스의 생성자를 호출할 때 리시버가 필요하며, 프로퍼티를 추가해 리시버를 저장해야 합니다.

```
package sdfgv

class ApplicationConfig(
    val name: String,
) {
    fun start() {
        print("Start application")
    }
}

context(ApplicationConfig)
class ApplicationControl(
    val applicationName: String = this@ApplicationConfig.name
) {
    fun start() {
        print("Using control: ")
```

```
            this@ApplicationConfig.start()
    }
}

fun main() {
    with(ApplicationConfig("AppName")) {
        val control = ApplicationControl()
        println(control.applicationName)  // AppName
        control.start()  // Using control: Start application
    }
}
```

컨텍스트 리시버가 있는 클래스는 실험적 기능이라서 코틀린의 이후 버전에서 는 제거될 수도 있습니다.

주의점

다른 모든 좋은 기능처럼, 컨텍스트 리시버도 잘못된 방식으로 사용될 수 있으 며, 복잡하고 안전하지 못한 코드를 만들어 낼 수 있습니다. 컨텍스트 리시버 는 꼭 적합한 경우에만 사용되어야 합니다. 또한 리시버를 많이 사용한 코드는 가독성이 떨어지기 쉽습니다. 암묵적인 함수 호출은 명시적인 함수 호출에 비 해 명확하지 못합니다. 이름이 충돌할 위험도 있습니다. 리시버는 인수와 달 리 잘 보이지 않습니다. 암묵적인 리시버를 자주 사용하면 다른 개발자에게 혼 란을 야기합니다. with와 같은 스코프 함수로 함수 호출을 자주 감싸야 한다면 컨텍스트 리시버를 사용하지 않는 게 좋습니다.

```
// 이렇게 하지 마세요.
context(
    LoggerContext,
    NotificationSenderProvider,  // 컨텍스트가 아닙니다.
    NotificatonsRepository       // 컨텍스트가 아닙니다.
)  // 함수를 호출하기 어려워집니다.
suspend fun sendNotifications() {
    log("Sending notifications")
    val notifications = getUnsentNotifications()  // 명확하지 않습니다.
    val sender = create()  // 명확하지 않습니다.
    for (n in notifications) {
        sender.send(n)
    }
```

```
        log("Notifications sent")
}

class NotificationsController(
    notificationSenderProvider: NotificationSenderProvider,
    notificationsRepository: NotificationsRepository
) : Logger() {
    @Post("send")
    suspend fun send() {
        with(notificationSenderProvider) {    // 지양해야 합니다.
            with(notificationsRepository) {  // 지양해야 합니다.
                sendNotifications()
            }
        }
    }
}
```

일반적으로 컨텍스트 리시버를 사용하는 방법은 다음과 같습니다.

- 컨텍스트 리시버를 사용해야 할 합당한 이유가 없으면, 일반적인 인수를 사용하세요.
- 메서드에서 사용하는 리시버의 출처가 불명확하다면, 리시버 대신에 인수를 사용하거나 리시버를 명시적으로 사용하세요.[2]

```
// 이렇게 하지 마세요.
context(LoggerContext)
suspend fun sendNotifications(
    notificationSenderProvider: NotificationSenderProvider,
    notificationsRepository: NotificationsRepository
) {
    log("Sending notifications")
    val notifications = notificationsRepository
        .getUnsentNotifications()
    val sender = notificationSenderProvider.create()
    for (n in notifications) {
        sender.send(n)
    }
    log("Notifications sent")
}
```

2　《Effective Kotlin 2/E》의 '아이템 14: 리시버를 명시적으로 참조하라(Consider referencing receivers explicitly)'를 참고하세요.

```kotlin
class NotificationsController(
    notificationSenderProvider: NotificationSenderProvider,
    notificationsRepository: NotificationsRepository
) : Logger() {
    @Post("send")
    suspend fun send() {
        sendNotifications(
            notificationSenderProvider,
            notificationsRepository
        )
    }
}
```

요약

코틀린은 함수나 클래스에 리시버를 암묵적으로 전달하는 경우를 지원하기 위해 컨텍스트 리시버라는 프로토타입 기능을 새롭게 도입하였습니다. 지금까지는 확장 함수를 사용해서 리시버를 암묵적으로 전달했지만, 다음과 같이 중대한 문제가 있었습니다.

- 확장 함수는 리시버 개수가 하나로 제한됩니다.
- 확장 리시버를 컨텍스트 전달 목적으로 사용하면 함수의 의미와 사용법을 헷갈리게 만들 수 있습니다.
- 확장 함수는 리시버 객체에서만 호출되어야 합니다.

컨텍스트 리시버는 위와 같은 문제들을 해결할 뿐 아니라 아주 편리합니다. 컨텍스트 리시버가 빨리 안정화되어 제 프로젝트에서도 사용할 날이 오기를 기대합니다.

연습문제: 로거

반려동물 샵 프로젝트를 진행하고 있습니다. 새로운 반려동물의 정보를 데이터베이스에 추가하는 함수를 구현했습니다. 이제 함수에 로그 기능을 추가하는 것이 이번 과제입니다. 다음과 같은 메시지를 로그로 남기려고 합니다.

- 처음은 항상 정보 로그인 'Adding pet with name'으로 시작해야 합니다.
- 반려동물 정보가 성공적으로 추가되면 'Added pet with id'라는 정보 로그를 남깁니다.
- 같은 이름이 이미 등록되어 있어서 추가에 실패하면 'There already is pet named'라는 경고 로그를 남깁니다.
- 데이터베이스 오류 때문에 추가에 실패하면 'Failed to add pet with name' 이라는 에러 로그를 남깁니다.

addPet 함수에 '컨텍스트 리시버를 사용해' 로거를 추가하려고 합니다. 리시버의 타입은 Logger이며, addPet 내부에서 리시버의 메서드를 사용해 메시지를 로그로 남겨야 합니다.

수정해야 할 함수는 다음과 같습니다.

```kotlin
class PetStore(
    private val database: Database,
) {
    fun addPet(
        addPetRequest: AddPetRequest,
): Pet? {
    return try {
            database.addPet(addPetRequest)
        } catch (e: InsertionConflictException) {
            null
        } catch (e: Exception) {
            null
        }
    }
}
```

사용하는 클래스와 인터페이스는 다음과 같습니다.

```kotlin
data class AddPetRequest(val name: String)
data class Pet(val id: Int, val name: String)
class InsertionConflictException : Exception()

interface Database {
    fun addPet(addPetRequest: AddPetRequest): Pet
}
```

```kotlin
interface Logger {
    fun logInfo(message: String)
    fun logWarning(message: String)
    fun logError(message: String)
}
```

다음은 각 상황에서 어떤 로그가 출력되는지를 보여 주는 예입니다.

```kotlin
fun main(): Unit = with(ConsoleLogger()) {
    val database = RandomDatabase()
    val petStore = PetStore(database)
    petStore.addPet(AddPetRequest("Fluffy"))
    // [INFO] - Adding pet with name Fluffy
    // [INFO] - Added pet with id -81731626
    // 또는
    // [WARNING] - There already is pet named Fluffy
    // 또는
    // [ERROR] - Failed to add pet with name Fluffy
}

class RandomDatabase : Database {
    override fun addPet(addPetRequest: AddPetRequest): Pet =
        when {
            Random.nextBoolean() ->
                Pet(1234, addPetRequest.name)
            Random.nextBoolean() ->
                throw InsertionConflictException()
            else -> throw Exception()
        }
}

class ConsoleLogger : Logger {
    override fun logInfo(message: String) {
        println("[INFO] - $message")
    }

    override fun logWarning(message: String) {
        println("[WARNING] - $message")
    }

    override fun logError(message: String) {
        println("[ERROR] - $message")
    }
}
```

연습문제 깃허브 저장소의 functional/context/PetStore.kt 파일에서 시작 코드, 사용 예시, 단위 테스트를 확인할 수 있습니다. 프로젝트를 로컬 환경으로 클론하여 문제를 풀어 보세요.

정답은 책 뒤편의 '연습문제 해답'에서 확인할 수 있습니다.

13장

F u n c t i o n a l K o t l i n

애로우 개요

이 책에서는 함수형 프로그래밍 커뮤니티의 혁신적인 아이디어에 기초하여 코틀린이 도입한 기능들을 설명하는 데 집중했습니다. 코틀린은 함수형 프로그래밍을 다방면으로 지원하지만, 여전히 지원하지 않는 도구, 기술, 개념이 많이 남아 있습니다. 코틀린 커뮤니티에는 함수형 프로그래밍에 열광하는 사람이 많으며, 몇몇 이들은 직접 라이브러리를 제작하여 조금 더 함수형 스타일로 프로그래밍할 수 있게 만들었습니다. 함수형 프로그래밍 라이브러리 중 가장 유명하고 영향력이 있는 것은 애로우(Arrow)입니다.[1] 애로우는 코틀린에서 더 쉽고 생산적인 함수형 프로그래밍을 가능하게 하겠다는 목표로 만들어진 도구로, 라이브러리와 컴파일러 플러그인들을 포함하고 있습니다.

이 책에서 애로우를 개요만이라도 소개해 줘야 한다고 생각하여, 애로우 관리자들에게 직접 설명해 주는 것이 어떤지 요청을 드렸습니다. 이번 장에서는 애로우의 놀라운 기능을 개발하는 데 기여한, 애로우 관리자이자 창시자들인 알레한드로 세라노 메나(Alejandro Serrano Mena), 라울 라자 마르티네즈(Raúl Raja Martínez), 사이먼 베르가우웬(Simon Vergauwen)이 직접 애로우의 핵심 기능을 소개합니다.

애로우 Fx(Arrow Fx, 코틀린이 제공하는 코루틴에 기반하여 작성된 라이브

---

1   애로우 프로젝트 홈페이지: *https://arrow-kt.io*

러리)와 애로우 애널리시스(Arrow Analysis, 새로운 형태의 통계 분석을 도입한 라이브러리)는 제외하고, 애로우 코어(Arrow Core)와 애로우 옵틱스(Arrow Optics)에 집중하겠습니다.

함수와 애로우 코어(Arrows Core)

 이번 절은 알레한드로가 쓰고, 사이먼과 라울이 도와주었습니다.

코틀린에서 함수형 프로그래밍을 가능하게 하는 코어 라이브러리(Arrows Core)부터 시작해 봅시다. 코어 라이브러리를 사용하려면 프로젝트에 io.arrow-kt:arrow-core 의존성을 추가해야 합니다.

집필 시점 기준으로 최신 버전은 1.1.x이며, 2.0이 개발 중입니다.

애로우 코어는 arrow.core 패키지에서 함수 타입의 다양한 확장을 제공합니다. 가장 먼저 소개할 것은 compose입니다. compose는 두 개의 함수를 연속으로 실행하는 함수를 생성합니다.

```
val squaredPlusOne: (Int) -> Int =
    { x: Int -> x * 2 } compose { it + 1 }
```

이 함수는 { x: Int -> (x + 1) * 2 }와 동일합니다. 함수 합성은 오른쪽에서 왼쪽으로 진행됩니다. 코드는 왼쪽에서 오른쪽으로 읽기 때문에 처음 보면 당황스러울 수 있습니다. 하지만 이 순서로 합성해야 여러 함수를 복잡하게 연속으로 호출하는 코드를 (특히 함수 참조를 사용하는 경우) 간단하게 만들 수 있습니다. 반면에 매개변수를 명시하는 형태로 같은 기능을 구현하려면 함수들을 중첩해야 합니다.

```
people.filter(
    Boolean::not compose ::goodString compose Person::name
)

// (함수들이 중첩된) 다음 코드 대신에
people.filter { !goodString(it.name) }
```

함수를 이렇게 작성하려면 함수가 매개변수를 '정확히' 하나만 받아야 합니다. 여기서 goodString 함수는 주어진 문자열이 올바른지 검사하는 기능을 한다고 합시다. 그런데 문자열 검사 방법을 바꾸고 싶어졌습니다. 정확하게는, 문자열이 특정 접두어로 시작하는지 확인하고 싶습니다. 이 검사는 접두어를 인수로 받는 isPrefixOf 함수로 할 수 있습니다.

```kotlin
fun String.isPrefixOf(s: String) = s.startsWith(this)
```

하지만 ::goodString을 String::isPrefixOf로 교체하면 컴파일러가 곧바로 에러 메시지를 출력합니다. 인수가 하나인 함수를 받아야 하는데 isPrefixOf는 인수가 두 개(리시버와 인수 s)이기 때문입니다. 첫 번째 인수를 주는 람다 표현식을 만들 수도 있지만, 애로우 코어의 헬퍼 함수를 사용하는 방법도 있습니다.

```kotlin
(String::isPrefixOf).partially1("FP")
```

이 코드는 원래 함수가 요구하는 것보다 인수를 적게 받는 함수를 만드는 **부분 적용**(partial application)의 개념을 잘 보여 줍니다. 실제로 이 코드는 isPrefixOf 함수에 원래보다 인수를 하나 적게 제공합니다. partially1의 마지막 '1'이 '하나 적게'를 뜻합니다. 애로우 코어가 제공하는 부분 적용은 인수를 1개부터 22개까지 적게 제공할 수 있습니다.

메모이제이션[2]

재귀 함수를 소개할 때 단골로 사용되는 함수로 피보나치 수열이 있습니다. 피보나치 수열은 0, 1, 1, 2, 3, 5, 8, …과 같이 (초깃값인 0과 1을 제외하면) 바로 앞의 두 수를 더한 값이 다음 값이 되는 수열입니다. 인수가 몇 개 없더라도 스택 메모리를 급격하게 소모하는 대표적인 예입니다. 이런 경우 코틀린은 Deep RecursiveFunction 생성자를 사용하는 걸 추천합니다.

---

2 (옮긴이) 메모이제이션(memoization)이란 컴퓨터 프로그램이 동일한 계산을 반복해야 할 때, 이전에 계산한 값을 기억(메모리에 저장)해 두고 다음번에는 계산 없이 기억해 둔 값을 곧바로 사용하여 프로그램 실행 속도를 빠르게 하는 기술을 말합니다.

```
val fibonacci = DeepRecursiveFunction<Int, Int> { x ->
    when {
        x < 0 -> 0
        x == 1 -> 1
        else -> callRecursive(x - 1) + callRecursive(x - 2)
    }
}
```

이렇게 하면 스택이 오버플로되는 일을 막을 수 있습니다. 하지만 fibonacci가 fun이 아니라 val로 정의되기 때문에 재귀 계산을 시작하는 브릿지 함수를 사용해야 합니다.

```
fun fib(x: Int) = fibonacci(x)
```

이렇게 하면 스택 오버플로를 일으키지 않습니다. 하지만 다른 문제가 하나 남았습니다. 같은 값을 반복해서 계산하느라 많은 시간이 낭비되는 문제입니다. 예를 들어, fib(4)를 계산하려면 fib(3)과 fib(2)의 값이 필요합니다. 게다가 fib(3)을 계산할 때도 fib(2)의 값이 필요합니다! fib()는 순수 함수이기 때문에 fib(2)를 두 번 호출하더라도 같은 값을 반환합니다. 이런 경우에 계산을 반복하지 않고 중간 결과를 캐싱하는 '메모이제이션' 기술을 적용할 수 있습니다. 애로우 코어는 캐시를 생성하고 갱신하는 특별한 함수인 memoize를 제공합니다. 이 함수를 이용하면 다음 코드처럼 간단하게 구현할 수 있습니다.

```
fun fibM(x: Int) = ::fib.memoize()(x)
```

이제 fib(2)를 두 번째 호출하는 시점에는 그때까지 수행했던 모든 계산의 결괏값이 이미 캐싱되어 있습니다. 이 덕분에 함수 실행 시간이 지수에서 선형으로 바뀝니다.

고차 함수 테스트

이번 절의 마지막 주제는 함수를 '사용'하는 쪽이 아니라 함수를 '테스트'하는 쪽과 관련이 있습니다. 함수형 프로그래밍 커뮤니티에서는 단위 테스트 대신에 속성 기반 테스트(property-based test)를 많이 이용합니다. 특정 입력/출력

쌍을 확인하는 대신, 무작위 값을 입력으로 넣고 주어진 속성들을 만족하는 값이 출력되는지 확인하는 것입니다. 정렬 함수 테스트를 예로 들면, 결과 목록에 담겨 있는 원소들이 입력 목록의 원소들과 동일한지 확인해야 합니다. 코테스트(Kotest) 같은 속성 기반 테스트 프레임워크들이 제공하는 중요한 기능으로 제너레이터들이 있습니다. 제너레이터는 무작위 값들을 생성하는 역할을 하며, 생성된 값들이 도메인 전체에 적절하게 분포되어 일반적인 경계 조건을 검사할 수 있는 값들을 제공합니다. Int용 제너레이터를 생각해 봅시다. 이 제너레이터는 0과 가까운 값, 오버플로와 언더플로에 가까운 값들을 만들어서 이런 경계 조건을 제대로 처리하지 않은 함수에서 문제가 발생하게 합니다. 코테스트는 Arb 객체를 통해 다양한 제너레이터를 제공합니다. 하지만 함수를 생성하는 기능은 제공하지 않기 때문에 고차 함수를 테스트할 수는 없습니다. 그래서 고차 함수 테스트는 전통적인 단위 테스트에 의지하는 게 보통입니다. 하지만 프로젝트에 kotest-property-arrow 라이브러리를 추가하면 이 제한도 사라집니다.

```
val gen = Arb.functionAToB<Int, Int>(Arb.int())
```

이제 제너레이터를 사용해 map 같은 함수의 동작을 테스트할 수 있습니다.

에러 처리

 이번 절은 사이먼이 쓰고, 알레한드로와 라울이 도와주었습니다.

코드를 함수형으로 작성할 때는 함수의 명세(시그너처)를 최대한 정확하게 작성하려 노력합니다. 에러 상황에서 예외를 발생시키는 대신에 함수의 반환 타입으로 에러를 지정합니다. 반환 타입을 통해 에러까지 표현하는 함수를 작성하기는 더 복잡합니다.

자바에서는 NullPointerException이 매우 흔하게 발생하지만, 코틀린은 널 가능한 타입이라는 훌륭한 방법으로 처리합니다! 코틀린에서는 널 가능한 타입으로 값이 '없다'는 의미를 표현할 수 있습니다.

그 예로, 자바의 `Integer.parseInt` 메서드는 예기치 않게 NumberFormat Exception을 던질 수 있습니다. 한편 코틀린에는 결과 타입으로 Int?를 반환하는 `String.toIntOrNull`이 있습니다. 이 함수는 인수로 건넨 문자열을 정수로 변환할 수 없을 때 null을 반환합니다.

코틀린에는 체크 예외가 없기 때문에 호출자에게 함수를 try-catch 문으로 감싸야 한다고 알릴 방법이 없습니다. 하지만 널 가능한 타입을 사용하면, 잠재적인 널 값이나 실패에 호출자가 대처하도록 강제할 수 있습니다.

널 가능한 타입 다루기

환경 변수의 값을 읽어 널 가능한 String 타입을 결과로 반환하는 경우를 생각해 봅시다. 다음 함수는 System.getenv에서 예외가 발생하면 삼켜버린 후, 대신 null을 반환하는 식으로 상황을 단순화합니다.

```
/** 환경 변수에서 값을 읽는 데 성공하면 그 결괏값을,
실패하거나 변수가 존재하지 않으면 null을 반환합니다. */
fun envOrNull(name: String): String? =
    runCatching { System.getenv(name) }.getOrNull()
```

이 함수로 환경 변수를 읽어올 수 있습니다. 널 가능한 타입을 반환하는 envOr Null 함수들을 조합하여 설정 정보를 담은 데이터 클래스인 data class Config (val port: Int)를 로드하는 예를 만들 준비가 되었습니다. 자바에서는 null을 처리하는 가장 흔한 방법이 if (x != null)입니다. 우선 자바 방식의 예부터 시작합시다.

```
fun configOrNull(): Config? {
    val envOrNull = envOrNull("port")
    return if (envOrNull != null) {
        val portOrNull = envOrNull.toIntOrNull()
        if (portOrNull != null) Config(portOrNull) else null
    } else null
}
```

간단한 용도에서조차도 상당히 복잡하며, 반복되는 코드가 많습니다. 다행히 코틀린 컴파일러는 각 if 문 안에서 값을 널이 가능하지 않은 값으로 스마트 캐

스팅해 줍니다. 덕분에 마치 널이 불가능한 값인 것처럼 안전하게 이용할 수 있습니다.

코틀린은 널 가능한 타입을 훨씬 매끄럽게 처리해 주는 방법을 갖추고 있습니다. 바로 let과 같은 스코프 함수들과 ?.입니다. 이 덕분에 앞의 코드를 다음과 같이 작성할 수 있습니다.

```kotlin
fun config2(): MyConfig? =
    envOrNull("port")?.toIntOrNull()?.let(::Config)
```

더 코틀린답고 읽기도 쉬운 코드로 변신했습니다. 하지만 안타깝게도 이 구문은 널 가능한 타입에서만 동작합니다. Result와 Either 같은 타입들은 ? 구문이 선물하는 특별한 이점을 누릴 수 없습니다.

이 코드에는 아직 개선할 점이 두 가지 있습니다.

1. 에러와 널 가능한 타입을 모두 다룰 수 있는 통합 API
2. System.getenv의 모든 예외를 삼키고 단지 null만 반환

첫 번째 개선은 애로우의 DSL을 활용해 해결할 수 있습니다. 애로우 DSL은 특정 도메인에 한정되어 사용되는 '도메인 특화 언어' 혹은 API입니다. 애로우는 컨티뉴에이션(continuation)에 기반한 DSL을 통해 모든 종류의 에러 유형을 처리하는 통합 API를 제공합니다.

먼저, 앞의 코드를 nullable 애로우 DSL을 사용해 다시 작성해 봅시다. nullable.eager는 Int?를 Int로 푸는 bind를 DSL로 제공합니다.

```kotlin
import arrow.core.continuations.nullable

fun config3(): Config? = nullable.eager {
    val env = envOrNull("port").bind()
    val port = env.toIntOrNull().bind()
    Config(port)
}
```

> **!** 애로우 1.x.x에서는 '중단 가능하지 않은' 코드에는 nullable.eager { }를 사용하고, '중단 가능한' 코드에는 nullable { }을 사용합니다. 애로우 2.x.x에서는 중단 가능 여부와 '상관없이' nullable { }을 사용하면 됩니다.

bind를 사용해 Int?를 Int로 언팩할 때 null이 나오면, nullable.eager { } DSL
은 람다 표현식의 나머지 코드를 실행하지 않고 곧바로 null을 반환합니다. '엘
비스 연산자'(?:)로 널을 확인하여 람다 표현식을 조기에 빠져나오는 것보다
.bind를 사용하는 편이 훨씬 쉽습니다.

```
fun add(a: String, b: String): Int? {
    val x = a.toIntOrNull() ?: return null
    val y = b.toIntOrNull() ?: return null
    return x + y
}
```

이어서 System.getenv가 예외를 모두 삼켜버리는 두 번째 문제는 코틀린 표준
라이브러리의 runCatching과 Result를 사용해 개선할 수 있습니다.

Result 다루기

코틀린에서 Result<A>는 성공할 수도 있고 혹은 예외를 일으킬 수도 있는 연
산의 결과를 표현하는 특별한 타입입니다. 앞의 예에서 환경 변수의 값을 읽
는 envOrNull을 더 정확하게 표현하려면, System.getenv의 실패를 표현하기 위
해 Result를 사용해야 합니다. 나아가, 읽어 오려는 환경 변수가 존재하지 않을
수도 있습니다. 이 점까지 고려하여 반환 타입으로 Result<String?>을 사용하
면 환경 변수가 없을 수 있다는 점까지 표현할 수 있습니다.

앞에서 본 envOrNull에 Result를 적용하면 다음처럼 변합니다.

```
fun envOrNull(name: String): Result<String?> = runCatching {
    System.getenv(name)
}
```

새롭게 정의한 envOrNull 함수는 System.getenv가 '실패할 수 있다'는 점과 '환
경 변수가 없을 수 있다'는 사실까지 정확하게 표현해 냅니다. 이제 Result 컨
텍스트 내에서 '널 가능한 타입'들을 처리할 차례입니다. 다행히도 애로우가 제
공하는 Result용 DSL을 이용하면 Result를 앞에서 살펴본 '널 가능한 타입'들
과 똑같이 동작하도록 만들 수 있습니다.

애로우 DSL은 환경 변수가 존재함을 보장할 때 이용할 수 있는 ensureNot

Null을 제공합니다. ensureNotNull은 인수로 전달된 envOrNull이 null이 '아님'
을 확인하면 스마트 캐스팅해 줍니다. envOrNull이 null일 때는 발생한 '예외'
를 담은 Result.failure를 반환합니다. 지금의 코드 예에서 만약 null이 발생
한다면 Result.failure(IllegalArgumentException("Required port value was
null."))을 반환합니다.

  마지막으로 String을 Int로 변환해야 합니다. Result 컨텍스트 안에서 변환
하는 가장 편리한 수단은 toInt입니다. toInt는 전달받은 값이 유효한 Int 값
이 아니면 NumberFormatException을 던집니다. toInt를 사용한다면 발생한 예
외를 runCatching을 이용하여 Result<Int>로 안전하게 변환할 수 있습니다.

```
import arrow.core.continuations.result

fun config4(): Result<Config> = result.eager {
    val envOrNull = envOrNull("port").bind()
    ensureNotNull(envOrNull) {
        IllegalStateException("Required port value was null")
    }
    val port = runCatching { envOrNull.toInt() }.bind()
    Config(port)
}
```

이 코드는 설정을 읽어 들일 때 발생할 수 있는 다양한 실패 원인을 Result 타
입 하나로 표현해 냈습니다.

• System.getenv에서 발생하는 예외는 SecurityException 또는 Throwable로
  표현합니다.
• 환경 변수가 존재하지 않는 상황은 IllegalStateException으로 표현합니다.
• toInt에서 실패하면 NumberFormatException을 사용합니다.

예외를 던지는 API를 이용한다면, 결과를 표현하는 가장 좋은 방법은 Result일
것입니다. 라이브러리나 애플리케이션을 설계하면서 에러의 종류를 제어하고
싶을 때 Result를 이용하면 Throwable이나 예외 계층구조에서 자유로워질 수
있습니다.

  그렇다고 모든 에러 유형에 Result를 사용하는 건 좋지 않습니다. Either를

사용하면 예외나 Result에 의존할 필요 없이, 설정 로딩에 수반되는 다양한 실패 원인을 보다 표현력이 풍부하고 실패 유형에 잘 들어맞는 방식으로 모델링할 수 있습니다.

Either 다루기

Either를 활용한 해법을 살펴보기 앞서, Either 타입 자체에 대해 빠르게 알아봅시다.

Either<E, A>는 성공할 수도, 실패할 수도 있는 함수의 결과를 표현합니다. E는 실패했을 때의 에러 타입이며, A는 성공했을 때의 계산 결과를 나타냅니다. 또한 Either는 다음과 같은 구조의 '봉인된 클래스'입니다. 에러가 발생하는 경우와 성공하는 경우를 각각 서브타입인 Left와 Right로 나타냅니다.

```
sealed class Either<out E, out A> {
    data class Left<E>(val value: E) : Either<E, Nothing>()
    data class Right<A>(val value: A) : Either<Nothing, A>()
}
```

우리의 예에 Either를 적용하면 Config 로딩에 수반되는 갖가지 실패들을 표현하기 위해 어떤 타입이든 사용할 수 있습니다.

앞의 Result 예에서는 다음의 예외 타입들을 이용하여 상황별 에러를 표현했습니다.

- 환경 변수에 접근할 때는 SecurityException/Throwable
- 환경 변수가 없을 때는 IllegalStateException
- 환경 변수가 있지만 유효한 Int 값이 아닐 때는 NumberFormatException

여기에 Either를 적용한다면 상황별 에러들을 봉인된 타입인 ConfigError로 바꿔 표현할 수 있을 것입니다.

```
sealed interface ConfigError
data class SystemError(val underlying: Throwable)
object PortNotAvailable : ConfigError
data class InvalidPort(val port: String) : ConfigError
```

ConfigError는 로딩 과정에서 발생할 수 있는 모든 에러를 포괄하는 봉인된 인터페이스입니다. 설정을 로딩할 때 java.lang.SecurityException처럼 예기치 못한 시스템 에러가 발생할 수 있습니다. SystemError가 이러한 에러를 나타냅니다. 환경 변수가 없을 때는 PortNotAvailable 타입을 반환합니다. 환경 변수가 있지만 유효한 Int 값이 아닐 때는 InvalidPort 타입을 반환합니다.

다음은 이상의 봉인된 계층구조를 지금의 예에 적용한 코드입니다.

```kotlin
import arrow.core.continuations.either

fun config5(): Either<ConfigError, Config> = either.eager {
    val envOrNull = Either.catch { System.getenv("port") }
        .mapLeft(::SecurityError)
        .bind()
    ensureNotNull(envOrNull) { PortNotAvailable }
    val port = ensureNotNull(envOrNull.toIntOrNull()) {
        InvalidPort(env)
    }
    Config(port)
}
```

이 코드는 Either.catch를 사용해 System.getenv가 던지는 예외를 잡습니다. 그런 다음 잡은 예외를 mapLeft를 사용해 SecurityError로 매핑합니다. 마지막으로 bind를 호출합니다. Either<Throwable, String?>을 Either<Security Error, String?>으로 매핑하지 않으면 bind를 호출할 수 없게 됩니다. Either <ConfigError, Config> 컨텍스트가 ConfigError 타입의 에러만 처리할 수 있기 때문입니다. 이어서 ensureNotNull을 이용해 환경 변수가 존재하는지 확인합니다. toIntOrNull 호출의 결과를 확인할 때도 ensureNotNull을 사용합니다.

드디어 예외를 삼키지 '않고' 모든 에러가 타입 정보를 간직한 채 반환되도록 개선되었습니다.

마지막으로 port가 유효한지 확인하는 개선을 진행해 봅시다. 포트 번호가 0과 65535 사이인지 확인하고, 그렇지 않다면 이미 만들어진 에러 타입인 InvalidPort를 반환하겠습니다.

```
import arrow.core.continuations.either

private val VALID_PORT = 0..65536

fun config5(): Either<ConfigError, Config> = either.eager {
    val envOrNull = Either.catch { System.getenv("port") }
        .mapLeft(::SecurityError)
        .bind()
    val env = ensureNotNull(envOrNull) { PortNotAvailable }
    val port = ensureNotNull(env.toIntOrNull()) {
        InvalidPort(env)
    }
    ensure(port in VALID_PORT) { InvalidPort(env) }
    Config(port)
}
```

이상으로 널 가능한 타입, Result, Either로 에러를 처리하는 방법을 모두 배웠습니다. 값이 존재하지 않을 가능성이 있으면 널 가능한 타입을 사용해야 합니다. 그렇지 않을 경우 유용한 에러 정보를 얻을 수 없습니다. 연산이 예외를 던지면서 실패할 수 있을 때는 Result를 사용합니다. 예외가 아닌 커스텀 에러 타입으로 제어하고 싶으면 Either를 사용합니다.

애로우 옵틱스로 데이터 불변성 유지하기

 이번 절은 알레한드로가 쓰고, 사이먼과 라울이 도와주었습니다.

함수형으로 프로그래밍한다면 함수가 일으킬 수 있는 부작용을 줄이고 싶을 것입니다. 가변성은 '순수하지 않은' 함수의 대표적인 부작용입니다. 값이 변경될 수 있는 변수를 사용하면 정확히 똑같은 인수를 건네받더라도 실행될 때마다 다르게 동작할 수 있습니다. 함수형으로 프로그래밍하려면 코틀린에서 다음 규칙을 확실하게 지켜야 합니다.

- 전체적으로 var를 금지할 정도로 var 대신 최대한 val을 사용해야 합니다.
- 애플리케이션에서 이용하는 개념들을 (데이터와 메서드를 모두 포함하는 객체 지향 스타일 클래스 대신) 메서드가 없는 데이터 클래스로 표현해야 합니다.

다음은 이 규칙에 따라 사람과 주소를 표현한 예입니다.

```kotlin
data class Address(
    val zipcode: String,
    val country: String
)

data class Person(
    val name: String,
    val age: Int,
    val address: Address
)
```

코틀린의 데이터 클래스 설계는 함수형 프로그래밍과 아주 잘 들어맞기 때문에 자칫하면 불변성과 관련된 실수를 저지르기가 오히려 쉽습니다. 데이터 클래스를 이용하면 생성자와 필드가 한번에 정의됩니다. 그래서 자바와는 달리 보일러플레이트 코드가 필요하지 않습니다.[3] 또 다른 중요한 예로 copy 메서드를 들 수 있습니다. copy는 다른 객체에서 일부 필드의 값만 바꾼 새로운 객체를 생성하는 메서드입니다.

```kotlin
fun Person.happyBirthday(): Person =
    copy(age = age + 1)
```

하지만 중첩된 필드를 변경해야 하는 경우에는 이 구문만으로는 부족합니다. 예를 들어 Person이 속한 국가의 철자 표기 방식을 일관되게 (예컨대 모두 대문자로) 변경하고 싶다고 합시다. 다음 코드는 전혀 깔끔하지 않습니다.

```kotlin
fun Person.normalizeCountry(): Person =
    copy(
        address = address
            .copy(country = address.country.capitalize())
    )
```

불변 데이터 변환 용도의 깔끔한 구문을 제공하는 애로우 옵틱스(Arrow Optics)를 이용하면 이 문제를 해결할 수 있습니다. 애로우 옵틱스는 크게 두 개

---

3 게터 함수, 세터 함수, 동등 함수 등의 '더미' 코드를 자동으로 생성해 주는 롬복(Lombok) 같은 프로젝트가 존재한다는 사실이 이런 보일러플레이트 코드가 얼마나 팽배한지를 잘 대변해 줍니다.

의 라이브러리로 구성됩니다. 하나는 기본 라이브러리인 io.arrow-kt:arrow-optics이고, 다른 하나는 기본 라이브러리를 이용할 때 필요한 보일러플레이트 코드들을 자동화하는 io.arrow-kt:arrow-optics-ksp-plugin 컴파일러 플러그인입니다. 이 플러그인은 코틀린 심벌 처리 API(Kotlin Symbol Processing API)[4]를 사용해 만들어졌습니다. 플러그인이 준비됐다면, 코드에 @optics 애너테이션[5]만 추가해 주면 끝입니다.

```
@optics
data class Address(
    val zipcode: String,
    val country: String
) {
    companion object
}

@optics
data class Person(
    val name: String,
    val age: Int,
    val address: Address
) {
    companion object
}
```

내부적으로 컴파일러 플러그인은 '옵틱스'의 한 종류인 렌즈(lense)를 생성합니다.[6] 렌즈는 게터 함수와 세터 함수의 조합에 불과합니다. 하지만 렌즈를 통해 요소를 가져오거나 변경하려면 필드의 이름을 사용해야 합니다. 렌즈는 @optics 애너테이션이 적용된 클래스의 컴패니언 객체로 생성되므로 클래스 이름을 통해 렌즈를 찾을 수 있습니다. 다음 코드에서는 렌즈를 사용해 happyBirthday를 구현하였습니다.

---

4 여러분의 프로젝트 설정에서 코틀린 심벌 처리 API를 활성화하는 방법을 확인해 보세요(집필 시점 기준으로는 멀티플랫폼 지원 여부에 따라 큰 차이가 있었습니다).
5 기술적 원인으로 인해 플러그인이 동작하려면 (본문이 비어 있더라도) 컴패니언 객체가 필요합니다.
6 (옮긴이) 옵틱스(optics)는 '광학'이라는 뜻이므로, 렌즈는 '내시경 렌즈' 정도로 생각하면 이해하기 쉬울 것입니다. 내시경 렌즈를 통해 중첩된 필드의 내부를 들여다 본다고 상상해 보세요.

```
fun Person.happyBirthday(): Person {
    val currentAge = Person.age.get(this)
    return Person.age.set(this, currentAge + 1)
}
```

set 함수는 주어진 값으로 새로운 객체를 만듭니다. 즉, (이름이 주는 직관적인 느낌과는 다르게) 해당 필드의 copy 메서드처럼 동작합니다. 렌즈를 간단하게 만 사용해도 얻는 이점이 많습니다. 예를 들어, (앞 코드에서 age를 설정한 것 처럼) 필드의 값을 이전 값에 기반해 갱신하는 일을 modify 메서드로 추상화할 수 있습니다. 그리고 코틀린이 후행 람다를 지원하므로 happyBirthday를 다음 과 같이 아주 간결하고 읽기 쉽게 구현할 수 있습니다.

```
fun Person.happyBirthday(): Person =
    Person.age.modify(this) { it + 1 }
```

불변 객체에서 중첩된 필드를 수정하는 원래 문제로 돌아와, 겹겹이 쌓인 copy 메서드를 제거해 봅시다. 먼저 렌즈를 '합성(compose)'하여 중첩된 요소를 대 상으로 하는 새로운 렌즈를 만들 수 있습니다. 새로운 렌즈에서 세터(또는 수 정자)는 정확히 우리가 원하는 대상만 수정하고 나머지 필드들은 그대로 유지 합니다.

```
fun Person.normalizeCountry(): Person =
    (Person.address compose Address.country).modify(this) {
        it.capitalize()
    }
```

중첩된 필드에 접근하는 일은 매우 흔하기 때문에 애로우 옵틱스 개발자들도 이를 간단하게 해 주는 표기법을 추가하기로 했습니다. 중첩된 필드의 렌즈를 compose 대신 점(.) 하나로 자동으로 합성할 수 있게 한 것입니다. 그래서 앞의 코드를 다음 형태로 작성할 수 있습니다.

```
fun Person.normalizeCountry(): Person =
    (Person.address.country).modify(this) { it.capitalize() }
```

옵틱스의 궁극적인 목표는 불변 데이터 변환을 더 쉽게 만드는 것입니다. 지금 까지는 필드 하나만을 대상으로 하는 렌즈를 배웠습니다. 하지만 옵틱스의 또 다른 주요 요소인 **트래버설**(traversal)을 이용하면 여러 요소를 한번에 변환할 수 있습니다. 컬렉션을 다룰 때 아주 유용합니다. 예를 들어, 생일이 같은 사람들을 한 데 모아 관리하는 데이터 클래스를 새로 정의한다고 생각해 봅시다. 생일을 축하하며 프로모션 코드를 보낼 때 사용하면 재미있을 것입니다.

```
@optics
data class BirthdayResult(
    val day: LocalDate,
    val people: List<Person>
) {
    companion object
}
```

이 클래스에 담긴 사람 모두의 age 필드를 한꺼번에 변경하려면 어떻게 해야 할까요? copy 메서드를 중첩해 호출해야 합니다. 또한 people이 리스트이므로 map을 사용해 변환해야 합니다.

```
fun BirthdayResult.happyBirthday(): BirthdayResult =
    copy(people = people.map { it.copy(age = it.age + 1) })
```

옵틱스들을 하나로 합성한 다음 마지막에 modify 함수를 이용하는 방법으로도 이와 똑같이 변환 처리를 할 수 있습니다. 이 작업에 필요한 트래버설은 Every 클래스가 제공합니다. 참고로 Every에는 코틀린에서 가장 자주 쓰이는 컬렉션들을 위한 옵틱스들이 담겨 있습니다.

```
fun BirthdayResult.happyBirthday2(): BirthdayResult =
    (BirthdayResult.people
    compose Every.list()
    compose Person.age)
        .modify(this) { it + 1 }
```

옵틱스를 사용해서 얻을 수 있는 가장 큰 장점은 API의 '일관성'임을 강조하고 싶습니다. compose와 modify라는 단 두 개의 연산만으로 불변 데이터의 중첩 변환을 정의할 수 있습니다. 이런 식의 프로그래밍에 적응하려면 시간이 걸리겠지만, 능숙해지면 장기적으로 정말 유용할 것입니다.

마무리

드디어 마지막 장까지 끝마쳤습니다. 축하드립니다! 이 책에서 여러분은 다음 과 같은 필수 주제들을 배웠습니다.

- 함수 타입
- 익명 함수
- 람다 표현식
- 함수 참조
- 함수 인터페이스
- 컬렉션 처리 함수
- 시퀀스
- DSL 사용과 생성
- 스코프 함수
- 애로우 라이브러리의 필수 요소

여전히 코틀린과 관련해서 배울 것이 많이 남아 있습니다. 저와 함께 코틀린을 계속 공부하고 싶다면, 여러분을 위해 추천할 책이 있습니다. 코틀린 코루틴을 공부할 계획이라면《코틀린 코루틴》을 추천합니다. 코틀린의 고급 기능이 궁금하다면《코틀린 아카데미: 고급편》을 읽어보세요. 모범 사례를 알고 싶다면《이펙티브 코틀린》을 권해드립니다. 코틀린을 더 깊이 공부할수록 더 큰 재미 를 느낄 것입니다.

연습문제 해답

(4장) 함수 타입과 리터럴 1

```
class AnonymousFunctionalTypeSpecified {
    val add: (Int, Int) -> Int = fun(num1, num2) = num1 + num2
    val printNum: (Int) -> Unit = fun(num) { print(num) }
    val triple: (Int) -> Int = fun(num) = num * 3
    val produceName: (String) -> Name = fun(name) = Name(name)
    val longestOf: (String, String, String) -> String =
        fun(str1, str2, str3) =
            maxOf(str1, str2, str3, compareBy { it.length })
}


class AnonymousFunctionalTypeInferred {
    val add = fun(num1: Int, num2: Int) = num1 + num2
    val printNum = fun(num: Int) { print(num) }
    val triple = fun(num: Int) = num * 3
    val produceName = fun(name: String) = Name(name)
    val longestOf =
        fun(str1: String, str2: String, str3: String) =
            maxOf(str1, str2, str3, compareBy { it.length })
}


class LambdaFunctionalTypeSpecified {
    val add: (Int, Int) -> Int = { num1, num2 -> num1 + num2 }
    val printNum: (Int) -> Unit = { num -> print(num) }
    val triple: (Int) -> Int = { num -> num * 3 }
    val produceName: (String) -> Name = { name -> Name(name) }
    val longestOf: (String, String, String) -> String =
        { str1, str2, str3 ->
            maxOf(str1, str2, str3, compareBy { it.length })
        }
}
```

```
class LambdaFunctionalTypeInferred {
    val add = { num1: Int, num2: Int -> num1 + num2 }
    val printNum = { num: Int -> print(num) }
    val triple = { num: Int -> num * 3 }
    val produceName = { name: String -> Name(name) }
    val longestOf =
        { str1: String, str2: String, str3: String ->
            maxOf(str1, str2, str3, compareBy { it.length })
        }
}

class LambdaUsingImplicitParameter {
    val add: (Int, Int) -> Int = { num1, num2 -> num1 + num2 }
    val printNum: (Int) -> Unit = { print(it) }
    val triple: (Int) -> Int = { it * 3 }
    val produceName: (String) -> Name = { Name(it) }
    val longestOf: (String, String, String) -> String =
        { str1, str2, str3 ->
            maxOf(str1, str2, str3, compareBy { it.length })
        }
}
```

(5장) 추론된 함수 타입

- Centimeter::plus의 함수 타입은 (Centimeter,Centimeter) -> Centimeter

- Centimeter::times의 함수 타입은 (Centimeter, Double) -> Centimeter

- Centimeter::value의 함수 타입은 (Centimeter) -> Double

- Centimeter::toString의 함수 타입은 (Centimeter) -> String

- Centimeter(1.0)::plus의 함수 타입은 (Centimeter) -> Centimeter

- Centimeter(2.0)::times의 함수 타입은 (Double) -> Centimeter

- Centimeter(3.0)::value의 함수 타입은 () -> Double

- Centimeter(4.0)::toString의 함수 타입은 () -> String

- Int::cm의 함수 타입은 (Int) -> Centimeter

- 123::cm의 함수 타입은 () -> Centimeter

- ::distance의 함수 타입은 (Centimeter, Centimeter) -> Centimeter

(5장) 함수 타입과 리터럴 2

```kotlin
class FunctionReference {
    val add: (Int, Int) -> Int = Int::plus
    val printNum: (Int) -> Unit = ::print
    val triple: (Int) -> Int = 3::times
    val produceName: (String) -> Name = ::Name
}

class FunctionMemberReference {
    val add: (Int, Int) -> Int = this::add
    val printNum: (Int) -> Unit = this::printNum
    val triple: (Int) -> Int = this::triple
    val produceName: (String) -> Name = this::produceName
    val longestOf: (String, String, String) -> String =
        this::longestOf

    private fun add(num1: Int, num2: Int): Int = num1 + num2

    private fun printNum(num: Int) {
        print(num)
    }

    private fun triple(num: Int): Int = num * 3

    private fun produceName(name: String): Name = Name(name)

    private fun longestOf(
        str1: String,
        str2: String,
        str3: String
    ): String = maxOf(str1, str2, str3, compareBy { it.length })
}

class BoundedFunctionReference {
    private val classic = FunctionsClassic()

    val add: (Int, Int) -> Int = classic::add
    val printNum: (Int) -> Unit = classic::printNum
    val triple: (Int) -> Int = classic::triple
    val produceName: (String) -> Name = classic::produceName
    val longestOf: (String, String, String) -> String =
        classic::longestOf
}
```

(7장) 인라인 함수

for 문을 사용한 풀이:

```kotlin
inline fun <reified T> Iterable<*>.anyOf(): Boolean {
    for (element in this) {
        if (element is T) return true
    }
    return false
}

inline fun <reified T> Iterable<*>.firstOfOrNull(): T? {
    for (element in this) {
        if (element is T) return element
    }
    return null
}

inline fun <reified T, reified R> Map<*, *>
        .filterValuesInstanceOf(): Map<T, R> {
    val result = mutableMapOf<T, R>()
    for ((key, value) in this) {
        if (key is T && value is R) {
            result[key] = value
        }
    }
    return result
}
```

컬렉션 처리 함수를 사용한 풀이:

```kotlin
inline fun <reified T> Iterable<*>.anyOf(): Boolean =
    any { it is T }

inline fun <reified T> Iterable<*>.firstOfOrNull(): T? =
    firstOrNull { it is T } as? T

inline fun <reified T, reified R> Map<*, *>
        .filterValuesInstanceOf(): Map<T, R> =
    filter { it.key is T && it.value is T } as Map<T, R>
```

(8장) 컬렉션 처리 최적화

```
fun List<StudentJson>.getPassingSurnames(): List<String> = this
    .filter { it.result >= 50 && it.pointsInSemester >= 15 }
    .mapNotNull { it.surname }
```

(8장) 특정 위치에 원소 추가하기

가변 컬렉션을 사용한 풀이:

```
fun <T> List<T>.plusAt(index: Int, element: T): List<T> {
    require(index in 0..size)
    val result = toMutableList()
    result.add(index, element)
    return result
}
```

take와 drop을 사용한 풀이:

```
fun <T> List<T>.plusAt(index: Int, element: T): List<T> {
    require(index in 0..size)
    return take(index) + element + drop(index)
}
```

flatMapIndexed를 사용한 풀이:

```
fun <T> List<T>.plusAt(index: Int, element: T): List<T> {
    require(index in 0..size)
    return when (index) {
        0 -> listOf(element) + this
        size -> this + element
        else -> flatMapIndexed { i, e ->
            if (i == index) listOf(element, e)
            else listOf(e)
        }
    }
}
```

(8장) 샵 함수 구현

```kotlin
fun Shop.getWaitingCustomers(): List<Customer> =
    customers
        .filter {
            it.orders.any { !it.isDelivered }
        }

fun Shop.countProductSales(product: Product): Int =
    customers
        .flatMap { it.orders }
        .flatMap { it.products }
        .count { it == product }
// 또는 (성능이 더 나은)
fun Shop.countProductSales(product: Product): Int =
    this.customers
        .sumOf {
            it.orders.sumOf {
                it.products.count { it == product }

            }
        }

fun Shop.getCustomers(minAmount: Double): List<Customer> =
    customers
        .filter {
            it.orders.sumOf {
                it.products.sumOf { it.price }
            } >= minAmount
        }
```

(8장) 프라임 접근 리스트

다음은 검색한 사용자 아이디를 찾기 위해 엔트리를 순회하는 방법입니다.

```kotlin
class PrimeAccessRepository(
    private val primeAccessList: PrimeAccessList,
) {
    fun isOnAllowList(userId: String): Boolean =
        primeAccessList.entries
            .find { it.userId == userId }
            ?.allowList
            ?: false
```

```kotlin
    fun isOnDenyList(userId: String): Boolean =
        primeAccessList.entries
            .find { it.userId == userId }
            ?.denyList
            ?: false
}
```

다음은 애플 M2 프로에서 측정한 성능입니다.

```
Class creation took 0 ms
Operation took 2926 ms
Operation took 2831 ms
```

앞의 해법은 최적화할 여지가 있습니다. 클래스 본문에서 사용자 아이디로 엔트리를 맵에 연관시키고, 메서드들에서 엔트리를 사용자 아이디로 찾으면 더 빨라집니다. 다음은 최적화한 해법입니다.

```kotlin
class PrimeAccessRepository(
    primeAccessList: PrimeAccessList,
) {
    private val entries = primeAccessList.entries
        .associateBy { it.userId }

    fun isOnAllowList(userId: String): Boolean =
        entries[userId]?.allowList ?: false

    fun isOnDenyList(userId: String): Boolean =
        entries[userId]?.denyList ?: false
}
```

다음은 같은 애플 M2 프로에서 측정한 성능입니다.

```
Class creation took 32 ms
Operation took 2 ms
Operation took 2 ms
```

클래스 생성은 약간 느리지만(엔트리를 한 번 순회하여 맵을 만들어야 합니다), 연산은 훨씬 빠르다는 것을 확인할 수 있습니다(맵에 한 번만 접근하면 됩니다).

(8장) 컬렉션 처리 리팩터링

```kotlin
fun List<StudentGrades>.getBestForScholarship(
    semester: String
): List<StudentGrades> = this
    .filter { s ->
        s.grades
            .filter { it.semester == semester && it.passing }
            .sumOf { it.ects } > 30
    }
    .sortedByDescending {
        averageGradeFromSemester(it, semester)
    }
    .take(10)

fun averageGradeFromSemester(
    student: StudentGrades,
    semester: String
): Double = student.grades
    .filter { it.semester == semester }
    .map { it.grade }
    .average()
```

(8장) 합격한 학생 목록

```kotlin
fun List<Student>.makePassingStudentsList(): String = this
    .filter { it.pointsInSemester > 15 && it.result >= 50 }
    .sortedWith(compareBy({ it.surname }, { it.name }))
    .joinToString(separator = "\n") {
        "${it.name} ${it.surname}, ${it.result}"
    }
```

(8장) 가장 뛰어난 학생 목록

```kotlin
fun List<Student>.makeBestStudentsList(): String = this
    .filter { it.pointsInSemester >= 30 && it.result >= 80 }
    .sortedByDescending { it.result }
    .zip(INTERNSHIPS)
    .sortedWith(
        compareBy(
            { it.first.surname },
            { it.first.name }
```

```
            )
        )
        .joinToString(separator = "\n") {(student, internship)->
            "${student.name} ${student.surname}, $$internship"
        }
```

(9장) 시퀀스 이해

```
fun m(i: Int): Int {
    print("m$i ")
    return i * i
}
fun f(i: Int): Boolean {
    print("f$i ")
    return i % 2 == 0
}

fun main() {
    val list = listOf(1, 2, 3, 4)
    list.map(::m).filter(::f)
    // m1 m2 m3 m4 f1 f4 f9 f16

    list.filter(::f).map(::m)
    // f1 f2 f3 f4 m2 m4
    // (필터를 먼저 사용하는 편이 더 효율적임을 알아야 합니다.)

    val sequence = sequenceOf(1, 2, 3, 4)
    sequence.map(::m).filter(::f).toList()
    // m1 f1 m2 f4 m3 f9 m4 f16

    sequence.map(::m).filter(::f)
    // (아무것도 없습니다.)
    // (시퀀스는 최종 연산 전에는 아무 일도 하지 않습니다.)

    sequence.map(::m).filter(::f).first()
    // m1 f1 m2 f4

    sequence.filter(::f).map(::m).toList()
    // f1 f2 m2 f3 f4 m4

    val sequence2 = list.asSequence().map(::m)
    // (아무것도 없습니다.)
    // (시퀀스는 최종 연산 전에는 아무 일도 하지 않습니다.)
```

```
    sequence2.toList()
    // m1 m2 m3 m4

    sequence2.filter(::f).toList()  // ?
    // m1 f1 m2 f4 m3 f9 m4 f16
}
```

(10장) HTML 테이블 DSL

```
fun table(init: TableBuilder.() -> Unit): TableBuilder =
    TableBuilder().apply(init)

data class TableBuilder(
    var trs: List<TrBuilder> = emptyList()
) {
    fun tr(init: TrBuilder.() -> Unit) {
        trs += TrBuilder().apply(init)
    }

    override fun toString(): String =
        "<table>${trs.joinToString(separator = "")}</table>"
}

data class TrBuilder(
    var tds: List<TdBuilder> = emptyList()
) {
    fun td(init: TdBuilder.() -> Unit) {
        tds += TdBuilder().apply(init)
    }

    override fun toString(): String =
        "<tr>${tds.joinToString(separator = "")}</tr>"
}

data class TdBuilder(var text: String = "") {
    operator fun String.unaryPlus() {
        text += this
    }

    override fun toString(): String = "<td>$text</td>"
}
```

(10장) 사용자 테이블 행 생성하기

```kotlin
private fun TableBuilder.userRow(user: User) {
    tr {
        td { +user.id }
        td { +user.name }
        td { +user.points.toString() }
        td { +user.category }
    }
}
```

(11장) 스코프 함수 사용하기

```kotlin
class StudentController(
    private val studentRepository: StudentRepository,
    private val studentFactory: StudentFactory,
    private val logger: Logger,
) {
    fun addStudent(
        addStudentRequest: AddStudentRequest
    ): Student? =
        addStudentRequest
            .let { studentFactory.produceStudent(it) }
            // 또는 .let(studentFactory::produceStudent)
            ?.also { studentRepository.addStudent(it) }
            // 또는 ?.also(studentRepository::addStudent)

    fun getStudent(studentId: String): ExposedStudent? =
        studentRepository
            .getStudent(studentId)
            ?.also { logger.log("Student found: $it") }
            ?.let { studentFactory.produceExposed(it) }
            // 또는 ?.let(studentFactory::produceExposed)

    fun getStudents(semester: String): List<ExposedStudent> =
        produceGetStudentsRequest(semester)
            .let { studentRepository.getStudents(it) }
            // 또는 .let(studentRepository::getStudents)
            .also { logger.log("${it.size} students in $semester") }
            .map { studentFactory.produceExposed(it) }
            // 또는 .map(studentFactory::produceExposed)

    private fun produceGetStudentsRequest(
```

```
        semester: String,
    ) = GetStudentsRequest().apply {
        minResult = 3.0
        expectedSemester = semester
    }
}
```

 책 너비에 맞게 몇몇 줄은 쪼개야 했습니다. 실제 코드에서는 이렇게 구현하지 않습니다.

(11장) orThrow

```
fun <T> T?.orThrow(lazyException: () -> Throwable): T =
    this ?: throw lazyException()
```

(12장) 로거

```
class PetStore(
    private val database: Database,
) {
    context(Logger)
    fun addPet(
        addPetRequest: AddPetRequest,
    ): Pet? {
        logInfo("Adding pet with name ${addPetRequest.name}")
        return try {
            database.addPet(addPetRequest)
                .also { logInfo("Added pet with id ${it.id}") }
        } catch (e: InsertionConflictException) {
            logWarning("There already is " +
                "pet named ${addPetRequest.name}")
            null
        } catch (e: Exception) {
            logError("Failed to add" +
                " pet with name ${addPetRequest.name}")
            null
        }
    }
}
```

 책 너비에 맞게 몇몇 줄은 쪼개야 했습니다. 실제 코드에서는 이렇게 구현하지 않습니다.

찾아보기